INICIAÇÃO
À LITERATURA
PORTUGUESA

ANTÓNIO JOSÉ SARAIVA

INICIAÇÃO
À LITERATURA
PORTUGUESA

3ª reimpressão

Copyright © 1997 by Herdeiros de António José Saraiva/Gradiva
Publicações Ld.ª

Capa:
João Baptista da Costa Aguiar

Dados Internacionais de Catalogação na Publicação (CIP)
(Câmara Brasileira do Livro, SP, Brasil)

Saraiva, António José
Iniciação à literatura portuguesa / António José Saraiva.
— São Paulo : Companhia das Letras, 1999.

ISBN 978-85-7164-896-8

1. Literatura portuguesa - História e crítica I. Título.

99-1708   CDD-869.09

Índice para catálogo sistemático:
1. Literatura portuguesa: História e crítica 869.09

2010

Todos os direitos desta edição reservados à
EDITORA SCHWARCZ LTDA.
Rua Bandeira Paulista, 702, cj. 32
04532-002 — São Paulo — SP
Telefone: (11) 3707-3500
Fax (11) 3707-3501
www.companhiadasletras.com.br

Índice

Primórdios 9

1. De Alfonso, *o Sábio*, a D. Dinis 13

    Os cancioneiros e a lírica jogralesca 13
    A épica jogralesca 19
    O romance de cavalaria 20
    As origens da historiografia 22

2. Fernão Lopes e a prosa no século XV 24

    O ponto de vista de Fernão Lopes 24
    A arte de Fernão Lopes 26
    Outros cronistas 29
    A prosa doutrinal 30

3. A corte literária manuelina 33

    O novo lirismo 33
    Bernardim Ribeiro 34
    Gil Vicente e o teatro medieval 37

4. O tempo de Camões 46

    Os italianizantes e a «antiga Espanha» 46
    Sá de Miranda 47

António Ferreira e o classicismo 49
Luís de Camões 50
Os Lusíadas e o ideal renascentista da epopeia 56
Papel e significado da mitologia em Os Lusíadas 58
Jorge Ferreira de Vasconcelos 60
A literatura espiritual 62

5. João de Barros e os historiógrafos e viajantes   64

João de Barros 64
Outros historiógrafos 67
Livros de viagens 69

6. O apogeu da agudeza 73

O discurso engenhoso 73
O P.ᵉ António Vieira 76
D. Francisco Manuel de Melo 79
A lírica sob o signo de Góngora 81
O teatro de António José da Silva 83
Os poetas brasileiros 84

7. A viragem arcádica 86

A Arcádia Lusitana 86
Os «poetas mineiros» 90
Filinto Elísio 91

8. O pré-romantismo 92

Nicolau Tolentino 94
José Anastácio da Cunha 95
Bocage 96

9. Os primeiros românticos 99

Garrett 100
Alexandre Herculano 107

10. A segunda geração romântica 111

João de Deus 112
Camilo Castelo Branco 113
Júlio Dinis 117

11. A geração de 1870 121

Antero de Quental 124
Oliveira Martins 125
Eça de Queirós 127
Outros contemporâneos: prosa 131
Teixeira de Queirós e a ficção em prosa 131

12. A esquina do século 133

Gomes Leal 134
Cesário Verde 135
António Nobre 138

13. O século XX 139

Fernando Pessoa e os poetas do *Orpheu* 141
Os poetas da *Presença* 147
Poetas alheios à *Presença* 151
Aquilino Ribeiro 153
Rodrigues Miguéis 155
Ferreira de Castro 155
Os «neo-realistas» 156
Agustina Bessa Luís 158
Jorge de Sena 160
O surrealismo 163
Herberto Hélder 166
Os novíssimos 167

Primórdios

Na batalha de Uclés (1108), em que foi derrotado pelos mouros, Afonso VI, o conquistador de Toledo, rei de Leão e Castela, perdeu um filho querido. A crónica latina em que é narrado este acontecimento interrompe o texto latino para reproduzir a lamentação do rei na sua própria língua materna: «Ay meu fillo! ay meu fillo, alegria do meu coraçon e lume de meus ollos, solaz de mia velhece! Ay meu espello en que me soía veer e con que tomaba gran prazer! Ay meu herdeiro mor. Cavaleiros u me lo leixastes? Dade-me o meu fillo, Condes!»

Qualquer leitor entende que o rei de Leão e Castela se estava queixando em galego, que era a sua língua afectiva, a sua língua de criação. Este rei era avô de Afonso Henriques, o primeiro rei de Portugal.

O galego falava-se nas montanhas do Noroeste da Península e também na capital do reino leonês. No outro lado da cordilheira cantábrica, a oriente, nas proximidades do país basco, estava-se formando outro dialecto, o castelhano. Entre um e outro havia falares de transição.

O galego-português e o castelhano nasceram, portanto, como dois dialectos da mesma língua neolatina e foram-se diversificando ao longo do tempo. À medida que se foram estendendo para o Sul, foram sofrendo a influência dos falares moçárabes (que eram também românticos). Ainda hoje um fundo primitivo distingue o português e o castelhano das restantes línguas românicas: o mesmo vocabulário essencial, formas gramaticais análogas, o mesmo sistema de conjugações verbais. É de assinalar que o português-galego e o castelhano se contam entre as raras línguas românicas (e entre várias indo-europeias) que têm dois vocábulos diferentes para os dois diferentes conceitos de *ser* e *estar* (confundidos na única palavra *ser* em catalão, francês, inglês, alemão, etc.).

As principais diferenças entre o português e o castelhano estão na entoação, articulação e ritmo, o que sugere que na sua origem estão diferentes substratos, isto é, diferentes populações pré-romanas, que pronunciavam diferentemente o mesmo latim.

De qualquer modo, como o mostra a lamentação citada de Afonso VI, quando se formou o reino de Portugal, já o Noroeste da Península constituía um espaço linguístico, o domínio do galego-português como língua materna. Como língua oficial ainda se usava uma espécie de latim, que já pouco tinha a ver com o latim clássico. Os reis de Portugal, Afonso Henriques, Sancho I, Afonso III, escrevem (eles ou os seus escribas) os seus testamentos em latim. Mas já antes deste último, Afonso II, neto de Afonso Henriques, deixou um testamento em português, datado de 1214, que é um dos primeiros documentos escritos na nossa língua.

Já pelo ano 1000, ou talvez antes, há manifestações que tendem a revelar uma certa autonomia cultural do

Noroeste. Há mosteiros cristãos moçárabes nas proximidades de Coimbra, como Vacariça e Lorvão, para não falar no Norte do Douro. No começo do reinado de Afonso Henriques é fundado o Mosteiro de Santa Cruz, de cónegos regrantes, onde se fabricam livros e onde se coleccionam anais latinos referentes à região. É de assinalar, pela sua importância futura, a fundação, em 1152, por monges franceses, do vasto Mosteiro de Alcobaça.

1
De Alfonso, *o Sábio*, a D. Dinis

Os cancioneiros e a lírica jogralesca

Exceptuando os meios clericais, a comunicação da literatura ainda nos séculos XII e XIII se fazia por intermédio dos jograis, que nas feiras e castelos ofereciam espectáculos e música, canções e estórias variadas. Sabe-se que Sancho I, o segundo rei de Portugal, tinha jograis ao seu serviço.

Mas o foco mais intenso da cultura jogralesca em todos os territórios sob a hegemonia do reino de Leão e Castela foi a corte de Alfonso X, *o Sábio*, habitualmente sediada em Toledo. Alfonso X, que era avô do nosso D. Dinis e que compôs um dos mais importantes textos da língua galego-portuguesa, as *Cantigas de Santa Maria* (que mandou transcrever num precioso códice iluminado), foi o protector da maior parte dos jograis e trovadores galego-portugueses de que há memória. Provavelmente, saiu do seu *scriptorium* o códice iluminado do *Cancioneiro da Ajuda*, o primeiro monumento da literatura em língua portuguesa conservado em Portugal.

13

Neste livro compilam-se poesias de amor compostas à moda dos trovadores provençais anteriormente a 1284, data da morte de Alfonso X. A moda não acabou nessa data. Anos mais tarde, o rei D. Dinis ainda escreverá:

> *Quer' eu em maneira de provençal*
> *Fazer agora um cantar d'amor.*

Desde o começo do século XII os trovadores e jograis da Provença (Sul da França) espalhavam pelas cortes de Itália, França, Aragão e outros países uma poesia lírica que, pela subtileza psicológica, pela ductilidade, gracilidade e esplendor de ritmos e imagens e pela sua inspiração individualista, não tinha então paralelo na cultura ocidental. Os Provençais foram os mestres de toda a poesia que veio depois deles, e em especial de Dante e Petrarca. Precedidos de grande prestígio, os jograis da Provença estiveram também nas cortes da Península e eram conhecidos de nobres portugueses que viveram em França, como Afonso III e o seu séquito.

Com esta valorização e aristocratização do lirismo beneficiaram os jograis locais da Galiza, que se viram, por sua vez, bem acolhidos e gratificados nos paços dos reis e magnates. Facilmente os jograis líricos galegos impuseram na corte a sua própria tradição, ajudados pela língua em que cantavam, muito mais acessível em Castela, Leão e Portugal do que a *língua de oc*, usada pelos jograis provençais. É devido à voga dos jograis líricos galegos que a língua galega se torna a língua literária da poesia, na qual escrevem os seus versos todos os poetas das diversas regiões da Península que frequentam a corte de Alfonso X, *o Sábio,* incluindo este rei, autor das *Cantigas de Santa Maria.*

A influência dos trovadores e jograis da Provença veio, assim, dar foros de poesia palaciana a uma tradição jogralesca local, de origem popular. A poesia dos trovadores enxertou-se na cepa galega. Deste cruzamento derivam as características próprias dos «cantares de amor», em que o senhor aristocrata exprime as convenções do amor cortês — divinização da mulher, constância tímida e submissa do amante, encarecimento do sofrimento de amor, etc. — numa linguagem por vezes um tanto artificial, esmaltada de termos provençais. Mas a influência da escola galega revela-se no facto de a maior parte das cantigas conservarem o refrão da poesia folclórica e até um paralelismo repetitivo. Os trovadores peninsulares não se encontravam preparados para assimilarem a riqueza psicológica e estilística dos provençais e tendem a exprimir uma emoção ainda difusa num ritmo repetitivo e obsessivo baseado no paralelismo tradicional. Quase não conhecem as imagens.

De exclusiva proveniência provençal são, no entanto, as «pastorelas», que têm por tema o encontro de um cavaleiro com uma pastora: algumas descrevem uma paisagem matinal onde se esvai um cantar de amigo, deixando um eco penetrante no coração do cavaleiro:

> *Oí oj' eu ũa pastor cantar*
> *du cavalgava per ũa ribeira*
> *e a pastor estava i senlheira*[1]
> *e ascondi-me pola ascuitar*
> *e dizia mui ben este cantar:*
> *So-lo ramo verde frolido*
> *vodas fazen a meu amigo*
> *e choram olhos de amor.*

---

[1] Sozinha.

A pastora que o cavaleiro escuta enquanto cavalgava pela ribeira está cantando uma *cantiga de amigo* que existia no folclore tradicional na língua galego-portuguesa. Os versos narrativos são de Airas Nunes de Santiago, poeta culto, mas os três últimos, que ele põe na boca da pastora, andavam na tradição anónima.

Uma antiga e longa tradição oral, transmitida por jograis galegos, de cantigas ao som das quais se dançava existiu antes da compilação das poesias nos cancioneiros, realizada no final do reinado de D. Afonso III (época do manuscrito do *Cancioneiro da Ajuda*). Pelas suas características rítmicas e pelo ambiente social que evocam, algumas cantigas remontam certamente a um antiquíssimo passado, anterior à fundação do reino. Denominam-se «paralelísticas» por serem constituídas por pares de estrofes paralelas. Cada par é formado por estrofes só diferentes nas palavras terminais, que mudam a rima conservando o sentido; cada estrofe é formada por dois versos, dos quais o segundo se repete na série seguinte, de maneira que nesta as estrofes têm um verso novo e outro repetido. Cada uma delas é seguida de um estribilho, que devia ser cantado em coro. A rima é apenas toante (de vogais):

> *Mia madre velida*
> *vou-m'a la bailia*
> *do amor.*
>
> *Mia madre loada*
> *vou-m'a la bailada*
> *do amor.*
>
> *Vou-m'a la bailia*
> *que fazem em vila*
> *do amor.*

Vou-m'a la bailada
que fazem em casa
do amor.

Etc.

Este esquema, muito simples e quase inorgânico, que se reduz a um monótono balouço indefinidamente prolongável, sugere que as cantigas «paralelísticas» eram cantadas a duas vozes alternadas, excepto o refrão, entoado em coro. Algumas têm a forma de diálogo de uma rapariga enamorada com a mãe, ou a irmã, ou as amigas, sempre acerca do «amigo» (donde lhes vem o nome de «cantigas de amigo»), ou com este mesmo. Outras são monólogos de uma mulher enamorada.

Nas «cantigas de amigo» de forma mais simples a mulher aparece, explícita ou implicitamente, integrada no ambiente rural: na fonte ou na romaria, lugares de namoro; sob as flores do pinheiro ou da aveloeira; no rio, onde lava a roupa e os cabelos ou se desnuda para tomar banho; na praia, onde aguarda o regresso dos barcos. Inspira-as, em geral, uma desenvoltura inocente de ar livre e fala nelas uma voz impessoal que apela para os sentimentos mais básicos e constantes da afectividade humana. Uma curiosa fraternidade com os bichos, as flores e as ondas deixa adivinhar uma mentalidade animista, mal tocada pela influência cristã. Este grupo de cantigas pertence certamente a um fundo mais primitivo, que se esconde sob as águas do tempo.

Noutras cantigas é mais denso o ambiente doméstico. A moça canta enquanto torce o fio do linho; sucedem-se os diálogos com a mãe, que recebe o namorado e autoriza o namoro. Neste segundo grupo, menos primitivo, o ambiente é mais caracterizadamente caseiro.

Um fidalgo trovador mostra-nos uma cena doméstica, com personagens dialogantes, inspirando-se, não nos trovadores provençais, mas nos *troveiros* do Norte de França:

Sedia la fremosa seu sirgo[2] torcendo
sa voz manselinha fremoso dizendo
cantigas d'amigo.

A uma terceira camada, enfim, pertencem as cantigas de estrutura rítmica mais complexa, embora baseadas no esquema paralelístico: aqui encontramos uma verdadeira dialéctica dos sentimentos, uma gama que vai desde o ciúme à *coquetterie*. Dispostos ordenadamente, os monólogos e diálogos em que se desenvolvem as situações comporiam um verdadeiro romance sentimental, antecipando a *Menina e Moça*, de Bernardim Ribeiro. A invenção literária, baseada numa notável penetração e experiência psicológica, é aqui o factor dominante, e não já a toada musical. O ambiente social não é já campestre, mas burguês ou até palaciano. Não há mais familiaridade com árvores ou com bichos; e o amigo é, por vezes, um cavaleiro que está «em cas-del-rei», quando não é — caso aliás excepcional — o próprio rei, que pede as tranças da donzela.

Os jograis compunham também versos satíricos, quer sob a forma de ironia sarcástica («cantigas de escárnio»), quer sob a forma de insulto directo («cantigas de maldizer»). Também neste género havia uma tradição popular paralelística, a que se juntou a influência provençal do «sirventês». A grande maioria destas cantigas versam os vícios e os escândalos

---

[2] Fio para pano.

dos jograis e das suas companheiras, as «soldadeiras». A embriaguez alcoólica, os excessos venéreos, as rivalidades profissionais, etc., servem de tema a cantigas numerosas, cuja violência e desembaraço de língua chocam, por vezes, o leitor médio de hoje. Um ou outro poeta conseguiu elevar-se a uma sátira social cujas principais vítimas são o burguês afidalgado, o nobre avaro, o clérigo. A guerra civil entre Sancho II e seu irmão Afonso, *o Bolonhês,* deu lugar a algumas composições interessantes sobre a traição dos alcaides que se entregaram ao usurpador, provavelmente compostas na corte de Alfonso X de Castela, que interveio a favor de Sancho.

A *épica jogralesca*

Ao lado dos jograis líricos houve na Península os jograis épicos, que deixaram como principal monumento o cantar castelhano de *Mio Cid,* biografia versificada e semilendária de um herói nacional da luta contra os Árabes. A maior parte das epopeias jogralescas foram prosificadas e incorporadas em crónicas, perdendo-se a sua forma versificada primitiva.

Na região de Coimbra a épica é muito antiga, pois nela ainda encontramos a memória da época de Almançor, no século X. Nessa época se passa a lenda do abade João, que tem por herói um abade de Montemor em luta com um sobrinho renegado que tinha participado nas campanhas do conquistador mouro de Coimbra.

É também em Coimbra que se situa a parte central da gesta de Afonso Henriques, recolhida e prosificada na *3.ª Crónica Breve de Santa Cruz de Coimbra* e na *Crónica General de Espanha de 1344,* de que já falaremos.

O ciclo épico em torno de Afonso Henriques apresenta-nos um herói bravio e instintivo, verdadeira encarnação da nobreza guerreira do século XII, em luta com os Leoneses, com o clero e com os Árabes. A vida do herói aparece encerrada dentro do círculo de uma fatalidade: prendeu e lançou ferros aos pés de sua mãe, D. Teresa, que lhe disputava a posse da terra do pai, e acabou por ser aprisionado em Badajoz, num desastre que lhe inutilizou os pés. A intenção anticlerical inspira o famoso episódio do conflito com o núncio, obrigado, sob pena de ter a cabeça cortada, a levantar a excomunhão do reino e a prometer que o papa deixaria de interferir na política régia, episódio que inspirou «O bispo negro» de Herculano (*Lendas e Narrativas*). Ressalta igualmente a expressão do sentimento de independência do novo reino relativamente às pretensões leonesas de restabelecer a antiga suserania sobre Portugal. A redacção do poema, ou ciclo de poemas, está, evidentemente, próxima dos acontecimentos que o inspiram (tal como o *Cantar de Mio Cid*), como o revela o carácter quase testemunhal da bela narrativa da tomada de Santarém. Ao lado do herói principal surgem outros heróis, como Egas Moniz.

Os textos conservados em Santa Cruz, que oferecem variantes notáveis, deixam perceber ainda a expressão directa e dialogada característica dos poemas primitivos. Não oferecem descritivo, mas apenas a narração que liga as cenas dialogadas e os momentos culminantes da acção.

O romance de cavalaria

A prosificação dos cantares de gesta atesta o fim da poesia oral. Os próprios cancioneiros líricos mostram que era preciso escrever os versos para não os esquecer.

As estórias agora eram compostas por escrito, ou traduzidas, como o mostram os romances de cavalaria, cuja origem se encontra no romance arturiano. As narrativas em que se descreviam as enredadas aventuras dos cavaleiros do rei Artur, herói da resistência céltica à invasão dos Anglo-Saxões, parecem ter sido introduzidas na Península por via da corte portuguesa no final do século XIII. A esta época pertence a tradução da *Demanda do Santo Graal* e pouco posterior lhe deve ter sido o *José de Arimateia*. Numerosas pessoas em Portugal foram a partir de então baptizadas com nomes de heróis daquele ciclo, como Tristão, Iseu, Lançarote e Perceval.

A «matéria da Bretanha» foi várias vezes refundida por diferentes mãos, ganhando ao longo do tempo diversos significados. Inicialmente é uma expressão do ideal cortês do amor clandestino e adulterino, tal como o haviam cantado os Provençais; mas dos amores clandestinos da mulher do rei Artur, Genebra, nasce Galaaz, o herói de uma nova refundição da obra, que guarda escrupulosa virgindade e busca a união com Deus. O original da tradução portuguesa pertence a esta última fase e a uma das suas várias versões em que se exprime a esperança heterodoxa do advento de uma nova igreja, a igreja «espiritual».

A leitura da tradução da *Demanda do Santo Graal* revela-nos uma prosa cantante e fluente, de uma elegância desembaraçada, redigida, evidentemente, para ser lida em auditórios. Impressão semelhante nos vem da leitura de traduções de outra origem, como a *História de Barlaão e Josafate,* realizada em Alcobaça, versão cristã da vida de Buda.

21

Com uma prosa já tão desenvolvida era perfeitamente possível o aparecimento no século XIV de um romance original em português, como seria o *Amadis de Gaula*, que uma tradição portuguesa registada por Zurara no século XV atribui a um Vasco de Lobeira. Mas as provas até hoje alegadas não são suficientes para decidir se o original primitivo era português ou castelhano. Provavelmente, existiram diversas versões em uma e outra língua, antes de a tipografia ter fixado a forma definitiva do *Amadis* na edição castelhana de Montalvo (1508). A obra pertence, de facto, àquele pecúlio literário comum a Portugueses e Castelhanos.

O *Amadis de Gaula* oferece-nos o paradigma do perfeito cavaleiro, destruidor de monstros e malvados, amador constante e tímido, segundo o modelo dos cantares de amor, de uma moça solteira, Oriana, que gentilmente se deixa possuir antes do casamento. Nenhuma intenção mística ou heterodoxa se descobre neste novo desenvolvimento da «matéria da Bretanha», que foi o ponto de partida para uma última e frondosa ramificação do romance de cavalaria no século XVI, ridicularizada por Cervantes no *Quixote*.

As origens da historiografia

A tradição literária da corte de D. Dinis foi continuada por seu filho bastardo, D. Pedro, conde de Barcelos, também trovador. Deve-se-lhe, provavelmente, a compilação de um cancioneiro que teria sido a fonte dos actualmente existentes na Biblioteca Nacional e na Vaticana.

O nome do conde D. Pedro está ligado aos «livros de linhagens», compilações de genealogias de famílias nobres. Os dois últimos da colecção (3.º e 4.º), que o conde D. Pedro organizou e que foram refundidos depois da sua morte, contêm diversas histórias e lendas, algumas provavelmente de origem jogralesca, como a lenda da dama de pé-de-cabra, a lenda do rei Ramiro, a lenda da sereia, donde saiu a casa dos marinhos. O livro 3.º contém uma narrativa da batalha do Salado, onde se revela o dedo de um grande prosador, animado de sentimento épico, e se espelha a ideologia da classe nobre, para quem a Espanha era terra conquistada à ponta de espada. O livro 4.º, chamado *Livro do Conde D. Pedro*, é encabeçado por uma história universal, a começar em Adão e a acabar na conquista da Espanha aos mouros, passando pelo rei Artur e seus cavaleiros, tidos como personagens históricas.

A fonte principal desta introdução é a *Crónica General de Espanha*, organizada por Alfonso X, *o Sábio*, que foi refundida e continuada na *Segunda Crónica General*, ou *Crónica de 1344*.

Sabe-se hoje que o texto primitivo da *Crónica de 1344* era em língua portuguesa, sendo seu redactor ou organizador o próprio D. Pedro, conde de Barcelos. A introdução histórica do *4.º livro de linhagens* é uma variante da que antecede a *Crónica de 1344*.

Entre as fontes desta última contam-se, além de crónicas castelhanas, os cantares épicos sobre D. Afonso Henriques, já referidos, e relatos perdidos sobre as lutas de Sancho II e Afonso III, que também inspiraram, como vimos, sátiras jogralescas.

Assim, em meados do século XIV a literatura em língua portuguesa atingia um volume considerável, a avaliar pelos vestígios que deixou.

2

Fernão Lopes e a prosa
no século XV

O ponto de vista de Fernão Lopes

Escrivão de D. João I, notário de profissão, guarda-
-mor da Torre do Tombo desde 1418, Fernão Lopes é
encarregado por D. Duarte, então príncipe e depois rei,
de «pôr em crónicas» as histórias dos reis seus antepas-
sados. Assim começou a redacção de uma *Crónica de
Portugal* que se prolongará por vários séculos. Foi
aposentado em 1454, no reinado de Afonso V.

Como panegirista e partidário convicto da dinastia
de Avis e do que ele chama a «casa de Portugal», é
natural que Fernão Lopes tenha denegrido os seus
adversários. Mas, sempre que tem sido possível com-
parar a sua narrativa com as respectivas fontes docu-
mentais e narrativas, o espírito crítico de Fernão Lopes
tem saído engrandecido da prova. Além disso, ele não
poupa a figura do rei D. João I, seu senhor, o que é
extraordinário. A coerência da sua visão de conjunto
é muito convincente do ponto de vista da veracidade.

24

O que há de mais notável em Fernão Lopes e que o torna inconfundível entre todos os cronistas da Idade Média é a humanidade que lhe permite irmanar-se com o povo e discernir, muito mais do que os feitos dos reis e cavaleiros, todo o processo da revolução que alterou nos séculos XIV e XV a sociedade portuguesa.

Fernão Lopes não é o cronista de D. João I ou de Nuno Álvares, mas o cronista da revolução, tanto do ponto de vista objectivo (os factos) como subjectivo (os sentimentos). Esta visão de conjunto permite-lhe relativizar os protagonistas individuais dos acontecimentos.

D. João I, por exemplo, aparece como um homem hesitante, por vezes pusilânime, empurrado para a frente por outros mais conscientes ou mais decididos. Escorrega-lhe a espada quando tenta matar o Andeiro e prepara-se para fugir quando a situação lhe parece mal encaminhada. A sua figura perde-se constantemente de vista entre os figurantes individuais e colectivos que, em turbilhão, se movimentam nos tumultos, nos cercos e nas batalhas. Lendo Fernão Lopes, os heróis não nos aparecem como causas dos acontecimentos, mas como participantes, às vezes involuntários, dos acontecimentos.

Em compensação, Fernão Lopes dá grande relevo a outros aspectos que os cronistas medievais sistematicamente desconhecem. O grande actor e promotor da resistência, ao que se infere das suas crónicas, é o povo de Lisboa; o episódio central da guerra é o cerco desta cidade, salva pelo heroísmo e pertinácia da sua população. Em certo capítulo a cidade apresenta-se falando ao leitor como «mãe e ama destes feitos» (a revolução e a resistência ao Castelhano).

Episódios que, noutras circunstâncias, os historiadores circunspectamente teriam calado surgem com um relevo intencional: o motim popular de Lisboa no dia da morte do Andeiro; os «barrigas-ao-sol» cercando os castelos e lançando as mãos aos cavaleiros; os escudeiros recusando o soldo que lhes é oferecido pelos fidalgos partidários do rei de Castela. Único na Idade Média, Fernão Lopes deixou-nos a descrição pensada e sentida por dentro de uma revolução popular.

Ele pretende mostrar que a acção do povo foi decisiva para a vitória sobre Castela; que o povo encarnava o patriotismo (o «amor da terra», como ele diz) e a nobreza a vassalagem feudal, alimentada pelas recompensas materiais do rei de Castela. Mostra-se adversário da política aventureira de D. Fernando, evidenciando e justificando a oposição popular que provocou. Sublinha certas decisões económicas, como a lei das sesmarias e as leis de protecção à marinha mercante, ou as «quebras» ou desvalorizações compulsivas da moeda, de que a coroa beneficiava à custa do povo. Mas há uma figura da nobreza que merece a sua admiração incondicional: é o condestável Nuno Álvares, do qual, aliás, sublinha as virtudes, que faziam contraste com os vícios característicos dos nobres: o patriotismo, o respeito pela propriedade dos vilãos, etc. No capítulo intitulado «Da sétima idade do mundo que se começou no tempo do *Mestre*» chama a atenção para um importante facto social; o desaparecimento das antigas famílias nobres do reino e a ascensão à aristocracia de muitos vilãos que tomaram o partido do *Mestre*.

A arte de Fernão Lopes

Ele consegue fazer-nos presentes os grandes movimentos de massas, não só no seu aspecto visual, mas também na consciência que os anima.

Falando das tribulações de Lisboa durante o cerco, ele diz, em comentário:

> Ora esguardai como se fosseis presente: ũa tal cidade assi desconfortada e sem neũa certa feúza[1] de seu livramento, como viveriam em desvairados cuidados quem sofria ondas de tais aflições!

As multidões reúnem-se como oceanos formados de múltiplos afluentes que correm pelas ruas e travessas da cidade; e de dentro delas saem as vozes, os gritos e as lágrimas que lhes exteriorizam a vontade e o pensamento.

Na véspera da chegada ao Tejo da frota do Porto, que vem tentar romper o cerco de Lisboa, os da cidade não podiam dormir:

> E estes tão forçosos cuidados os fez logo levantar todos, assim homens como mulheres, que nom puderam mais dormir; e falando das janelas uns aos outros, assi em estas cousas como na peleja do seguinte dia, começou de se gerar por toda a cidade um grande rumor e alvoroço de fala. O qual durando per longo espaço foi azo de cedo tangerem às matinas, mormente em noites pequenas[2]; em esto começarom as gentes de se ir às igrejas e mosteiros, com candeias acesas nas mãos, fazendo dizer missas e outras devações com grandes preces e muitas lágrimas.
>
> Qual estado nem modo de viver era entom isento deste cuidado? Certamente nẽum, porque non somente as leigas pessoas, mas ainda as religiosas, todas eram postas sob o grande manto de tal pensamento [...]
>
> Qual seria o peito tão duro de piedade que non fosse amolentado com a maviosa compaixom, veendo as igrejas

---

[1] Garantia.

[2] Tanto mais que as noites eram pequenas.

cheas de homens e de mulheres com os filhos nos braços, todos braadando a Deus que lhes acorresse e que ajudasse a casa de Portugal?

Esta sensibilidade à subjectividade colectiva não exclui um talento também raro para dar relevo a personagens individuais, tornando patentes as suas paixões e baixezas em extraordinárias cenas dramáticas dialogadas. Leonor Teles é uma personagem shakespeariana da família de Lady Macbeth; é inesquecível o retrato do rei D. Pedro, dançando de noite, à luz dos archotes, nas ruas da cidade, entre os populares divertidos, e o do fraco D. Fernando, escapando-se como um criminoso ao povo de Lisboa e atraiçoando-o, sob a fascinação de uma mulher. É toda uma galeria de tipos humanos e de dramas dados com tal vigor que vieram a ser uma das principais fontes de inspiração da novela e do teatro português do século XIX.

A este dom de apresentar os movimentos colectivos e a esta sagacidade na penetração da psicologia individual Fernão Lopes junta, como artista, o sentimento de uma perspectiva global e multifacetada dos diversos planos da realidade social. Soube agrupar numa narrativa complexa as acções dos indivíduos e os movimentos das massas, ordenando grandes composições, em que há um sentido novo da profundidade do espaço social, em que os indivíduos se destacam sobre o pano de fundo de colectividades em movimento, em que as vozes isoladas e os coros se orquestram, dando-nos a dimensão do volume. Nisto Fernão Lopes distingue-se também de todos os narradores medievais, quer de crónicas, quer de romances de cavalaria, que nos representam apenas proezas individuais num plano único a duas dimensões.

A prosa de Fernão Lopes conserva o tom «falado» dos romances de cavalaria, mas enriquecido com um vocabulário e imagens reveladores de um grande senso de concreto, e com os recursos da oratória clerical, tocada oportunamente por um arrepio de solenidade bíblica, como quando fala da «boa e mansa oliveira portuguesa». O tom em que fala é sempre repassado de emoção, que não exclui a ironia, como se verifica na extraordinária descrição do cerco de Lisboa. Os ditos populares, as anedotas e a majestade de tom adequada aos grandes momentos sucedem-se com perfeita naturalidade, sem deixar perceber o tecnicismo retórico da época, que, aliás, dominava perfeitamente. E uma poderosa voz patriarcal, ora trovejando de indignação, ora espraiando-se com solenidade, ora gracejando, mas sempre quente e de largo fôlego, parece desprender-se das suas páginas.

Outros cronistas

Contemporâneo de Fernão Lopes foi o desconhecido autor da *Crónica do Condestabre Nuno Álvares Pereira*, composta entre 1431 e 1436 e publicada em 1526. É um panegírico do fundador da casa de Bragança num estilo testemunhal e sem ornatos. Em contraste, o cronista de D. Afonso V, Gomes Eanes de Zurara (falecido em 1474), abusa da retórica laudatória na 3.ª parte da *Crónica de D. João I* (que se ocupa da tomada de Ceuta), na *Crónica dos Feitos da Guiné* (que trata das primeiras viagens marítimas de descobrimento) e nas crónicas de dois membros da família Meneses, D. Pedro e D. Duarte. O estilo torna-se grandiloquente, hiperbólico, enfeitado com alegorias e com citações de autores latinos e gregos, que prenunciam a retórica do Renascimento.

A *prosa doutrinal*

Os filhos de D. João I, o bastardo eleito rei, manifestam um gosto pela reflexão e uma necessidade de justificação dos seus actos e das instituições. D. Duarte, que, como vimos, incumbiu Fernão Lopes de fazer as crónicas dos reis e que constituiu uma biblioteca pessoal de mais de oitenta códices, deixou no *Leal Conselheiro* o testemunho de uma consciência hamletiana que se analisa e que procura determinar critérios morais para si e para os seus pares, os «senhores da corte», a quem destina o livro. O esqueleto da obra é uma meditação sobre os vícios e virtudes, segundo a classificação dos teólogos, mas dentro deste esqueleto inserem-se numerosas digressões inspiradas na experiência e na observação pessoal. Algumas páginas, como as que se referem à doença do autor ou as que estabelecem a distinção entre «tristeza, pesar, desprazer, nojo, saudade e aborrecimento», revelam um notável poder de introspecção, que tem antecedentes na literatura mística e moralista da Idade Média, mas oferecem incontestável novidade e autenticidade. É uma obra com verdadeiro carácter ensaístico, de sondagem de caminhos novos. O autor submete-se inteiramente à ortodoxia católica, como se os problemas do Estado fossem problemas de consciência, de que o único juiz é Deus. A língua portuguesa não se achava ainda adestrada neste género de meditação pessoal, e D. Duarte tem de abrir caminho por si, precisando o significado das palavras, socorrendo-se de latinismo, enredando-se por vezes em frases, longas e de sintaxe complexa, para serem lidas atentamente e não já recebidas pelo ouvido, como os períodos cantantes da prosa narrativa. É um estilo tacteante como o próprio tema. D. Duarte é também autor da *Ensinança de Bem Cavalgar Toda Sela*.

Muito diferente é o estilo do infante D. Pedro na *Virtuosa Benfeitoria*, obra em que colaborou Fr. João de Verba. O futuro regente de Portugal ocupa-se dos laços de dependência feudal que ligam os vassalos e os suseranos. O plano do seu livro é muito mais escolástico e dogmático do que o do *Leal Conselheiro* e o seu estilo, mais bem travejado, revela a influência dos tratados escolásticos, com o seu sistema de definições, distinções, argumentos pró e contra e conclusões.

No final da Idade Média desenvolve-se o interesse dos laicos pelos problemas religiosos, que até então eram quase exclusivos dos clérigos.

Diversas obras o manifestam em Portugal, como a tradução da *Imitação de Cristo* por Fr. João Álvares, companheiro de cativeiro do infante D. Fernando e seu cronista; o *Horto do Esposo*, colectânea de meditações e narrativas sobre o nome de Jesus; as *Laudes e Cantigas Espirituais*, de Fr. André Dias, escritas cerca de 1435, colecção de poemas e prosas ritmadas inspiradas nas *Laudes* do franciscano heterodoxo Jacopone de Todi e animadas de um autêntico sentimento franciscano, enternecido e primaveril, e o *Boosco Deleitoso*, de autor desconhecido, obra alegórica, inspirada em parte em Dante e Petrarca, em parte nos místicos medievais, como S. Bernardo, na qual se pretende dar uma experiência mística. Tanto as *Laudes* como o *Boosco* empregam uma linguagem superlativante, exuberante, em que abundam as exclamações, e que pretende captar o inefável da união com Deus.

A outro género pertence já o *Livro da Corte Imperial*, no qual a «igreja militante» procura demonstrar, contra pagãos, mouros e judeus, por razões «evidentes e necessárias», os principais pontos da doutrina católica romana. A obra é um resumo da teologia de Raimundo Lúlio e construída toda ela com uma argumentação cerrada.

O *Boosco Deleitoso* e a *Corte Imperial* podem considerar-se dois monumentos notáveis — um da prosa emocional, rítmica e adjectivante, outro da prosa discursiva e demonstrativa. Não está averiguado, todavia, até que ponto são obras originais.

3

A corte literária manuelina

O novo lirismo

Com os últimos jograis e trovadores desaparece a poesia que eles cantavam e musicavam, a poesia tradicional e trovadoresca. Seguiu-se mais de um século em que, aparentemente, desapareceram os poetas da corte. Voltamos a encontrar os poetas no *Cancioneiro Geral*, compilado por Garcia de Resende e impresso em 1516. Mas esta poesia não tem continuidade com a escola galega das origens. Este cancioneiro é inspirado por uma compilação castelhana do mesmo nome, impressa em 1511. Castelhanos são também as formas e os géneros. Dominam no *Cancioneiro Geral* o verso em redondilha e as composições em mote e voltas. O compilador é um doméstico das cortes de D. João II e de D. Manuel. Além da crónica daquele rei e da sua colaboração no *Cancioneiro*, em que se salientam as *Trovas à Morte de D. Inês de Castro*, deixou-nos uma *Miscelânea*, em que registou os acontecimentos memoráveis da sua época. Escrita numa redondilha fácil e prosaica, esta obra é, todavia, significativa pela consciência da grandeza histórica da época em que viveu o autor e pela expressão de uma atitude confiante que esses acontecimentos lhe inspiram.

É patente em muitas composições do *Cancioneiro Geral* a influência de Petrarca, a sua concepção do amor desinteressado ou ligado a um objecto inacessível, alimentando-se de si mesmo, deliciando-se no sofrimento e na autocontemplação, contraditório porque se goza com o próprio sofrer. Em muitos poetas esta temática amorosa converte-se, por vezes, em jogos de palavras quase mecânicos, como quando o poeta pergunta onde está a sua própria alma, porque não está nele, tendo fugido para a amada, e também não está na amada, porque esta lhe não corresponde.

O amaneiramento palaciano, a subtileza escolástica, aliados, por vezes, a certos requintes de ourivesaria verbal, caracterizam muitas das composições do *Cancioneiro Geral*, confeccionadas para os serões e recreios da corte. Mas ao lado encontramos uma ou outra sátira vigorosa, como a citada de Álvaro de Brito Pestana, em que os poetas se queixam da confusão, do luxo excessivo, do espírito mercantil, das intrigas de corte, defendendo os antigos padrões da nobreza e as vantagens da vida rústica. Entre os poetas satíricos convém relevar Anrique de Mota, autor de *sketches* teatrais muito afins de Gil Vicente.

Bernardim Ribeiro

Autor de algumas éclogas e de uma novela, que foram impressas postumamente, em 1554, mas que já eram conhecidas antes, em manuscrito, colaborador do

Cancioneiro Geral, Bernardim cultivou o género virgiliano e italiano da écloga, importado por Sá de Miranda, mas na tradicional redondilha maior e dando-lhe uma ficção muito pessoal, que lembra as pastorelas dos cancioneiros primitivos. De uma maneira geral, na linguagem, nos temas, na apresentação das personagens, na evocação por vezes realista da vida rústica, numa ingenuidade aparente, a poesia de Bernardim tem um revestimento popular, em contraste com a sábia metrificação e a rebuscada linguagem que nos salões os poetas utilizavam para galantearem as damas.

Mas dentro destas formas aparentemente despreocupadas encerra-se um conteúdo complexo, sábio e original. Bernardim conhece toda a complicada dialéctica sentimental de Petrarca, mas não apenas como um tema literário — antes como uma experiência reflectida. Desta experiência tira um profundo conhecimento da vida afectiva, do seu *processus* e das suas contradições e exprime-o numa linguagem em que a subtileza, as antíteses, a sábia retórica das antinomias, paralelismos, repetições, se adaptam admiravelmente ao conteúdo.

Em Bernardim o amor é sempre uma insatisfação, os desejos são degraus para uma espécie de viagem sem termo: a aspiração é a própria vida e um longe inatingível é a meta para onde o homem caminha, «de esperança em esperança». Uma palavra que Bernardim soube empregar de maneira pessoal define esta insatisfação, esta busca do remoto: «saudade». Um símbolo impressivo dele é o cavaleiro que, encontrando um barco na praia, se mete pelo mar dentro sem saber para onde vai. Bernardim é o antepassado do saudosismo que um grupo de literatos do nosso século embandeirou como manifestação de um alegado «génio nacional» — tal a maneira sugestiva por que exprimiu um estado de espírito pessoal.

Livro de Saudades é o nome por que foi conhecida durante algum tempo a novela, inacabada, também chamada *O Livro da Menina e Moça*. Tudo neste livro e no seu destino é enigmático, como a própria vida do seu autor:

> Menina e moça me levaram de casa de minha mãe para muito longe. Que causa fosse então daquela minha levada, era ainda pequena, não a soube. Parece que já então havia de ser o que depois foi.

Esta é a frase com que começa o livro, uma das frases mais belas da literatura portuguesa. O livro ficou inacabado, é de facto um fragmento não se sabe de que género: novela bucólica?, romance de cavalaria?, novela sentimental? As personagens principais são designadas por anagramas (Arima por Maria, Avalor por Álvaro, etc.), o que permite pensar que se trata de um *roman à clé*. Também já tem sido sugerido que se trata de uma obra esotérica. «O livro há-de ser do que vai escrito nele.», diz a «menina e moça».

Depois do monólogo plangente de uma moça que aparece como autora do livro, uma «dona do tempo antigo» toma a palavra para contar as infelicidades a que estão sujeitas as mulheres, encerradas, devoradas pelos próprios sentimentos, na solidão. Um dos seus contos refere-se às desventuras de um cavaleiro que para se aproximar de uma moça se faz pastor e acaba por assistir ao casamento dela, forçado, com um homem rico. O último conto trata de um apaixonado a quem a timidez nunca permitiu confessar-se, sobressaindo nele um admirável estudo psicológico da timidez amorosa e um estilo originalíssimo utilizado para comunicar um encanto inefável de adolescente amoroso. No conto do pastor o mundo objectivo tem maior presença: dir-se-ia que uma flauta sopra tranquilamente as notas da vida rústica, transfigurando-a, sem a tornar convencional e sem omitir certos aspectos realistas.

Uma tonalidade sempre branda, onde se esbatem as cores vivas, uma música que corre por vezes em surdina ou se eleva insensivelmente como um rio sossegado e nocturno, chegam a despertar no leitor uma emoção intensa e musical e mantêm-no como que embalado numa sequência ininterrompida. Uma fraseologia familiar, como a de uma velha que estivesse a contar histórias, é o instrumento dócil desta arte, que, sem quebra de ritmo, nos leva, ora para uma alcova, onde está nascendo uma criança, no meio do falatório das mulheres, ora para a região indeterminada onde os sentimentos não têm palavras.

A arte excepcional de Bernardim explica a grande fortuna da sua obra. Camões e Garrett contam-se entre os seus leitores sugestionados. A história do rouxinol que cai e é levado pela água tornou-se quase um símbolo nacional.

Aparenta-se com as éclogas e com a *Menina e Moça*, de Bernardim, a écloga *Crisfal*, que é uma verdadeira novela em verso, sob a forma de um sonho, em que se entretecem o fantástico e o realista. Os heróis, dois adolescentes, são personagens reais, e ao herói masculino, Cristóvão Falcão, foi atribuída a autoria da écloga, que os outros supõem de Bernardim Ribeiro. O estilo é incontestavelmente bernardiniano.

Gil Vicente e o teatro medieval

Gil Vicente é um dos grandes homens de teatro da Espanha e tem importância decisiva na criação do teatro ibérico. Acresce que nos seus autos, escritos em português e castelhano, foi recolhida uma boa parte da poesia tradicional de várias nações espanholas.

A sua vida é enigmática. Seria ele o ourives que cinzelou a famosa custódia gótica de Belém com o primeiro ouro trazido à Europa da costa oriental africana? O que é certo é que organizou para a corte espectáculos e festas entre 1502 e 1536 e que em 1532 escreveu ao rei D. João III uma carta dando conta do sermão em que censurava publicamente os frades de Santarém por eles terem assustado a população com prédicas em que atribuíam um terramoto ocorrido à tolerância em relação aos cristãos-novos. Figuram versos líricos seus no *Cancioneiro Geral*, de Garcia de Resende.

Não há em toda a Espanha vestígios assinaláveis de teatro medieval anteriormente a Juan del Encina e a Torres Naharro, poetas áulicos quase seus contemporâneos. Em castelhano, a mais antiga peça conhecida é o *Auto dos Reis Magos*, do século XII, que, aparentemente, não deixou descendência. Afonso X, nas *Sete Partidas*, proíbe os «jogos de escárnio» que certos clérigos fazem, mas aceita representações devotas, «assim como o nascimento de Nosso Senhor Jesus Cristo, em que mostra como o Anjo veio aos pastores e como lhes disse que Jesus era nascido», bem como a adoração dos reis magos, e a sua ressurreição. Não é certo que estas normas jurídicas do rei sábio tenham em vista factos concretos, mas seria estranho que na Espanha não se praticassem representações que eram prolongamentos da liturgia do Natal, da Quaresma e da Páscoa e que por isso eram encorajadas pela Igreja em toda a Europa.

Por outro lado, é incrível que não haja mímica onde há vida. Vimos que o que se chama a lírica das «cantigas de amigo» é constituído por monólogos dramáticos de mulher, e o mesmo se pode dizer de algumas cantigas de escárnio (como o daquele jogral que mima um senhor que entregou o castelo ao usurpador por ordem do arcebispo). Há documentos alusivos a «sermões burlescos», ou paródias de sermões, género que condiz com o anticlericalismo popular que sempre existiu, mesmo nas épocas de maior fervor religioso. Um dos primeiros autos de Gil Vicente é justamente um sermão burlesco apresentado na corte (1506), o que parece mostrar que ele se inspira numa tradição histriónica preexistente.

Em todo o caso, os autos vicentinos foram uma novidade para a corte portuguesa, pois Garcia de Resende os menciona entre os acontecimentos notáveis do mundo nos séculos XV-XVI, que passa em revista na sua *Miscelânea*:

> *E vimos singularmente*
> *fazer representações*
> *de estilo mui eloquente,*
> *de mui novas invenções*
> *e feitas per Gil Vicente.*
> *Ele foi o que inventou*
> *isto cá, e o usou*
> *com mais graça e mais doutrina*
> *posto que João del Encina*
> *o pastoril começou.*

O enorme sucesso que tiveram e continuam a ter as obras dramáticas de Gil Vicente, apesar das formas arcaicas em que são moldadas, vem da sua extraordinária vivacidade mimética e do talento do autor para criar aquilo que é especificamente dramático: as situações e as personagens. Pode haver no teatro português peças mais inventivas e engenhosas. Por exemplo, os autos de Camões são escritos em muito bom estilo, com sentenças interessantes e um certo humor, mas isso não é o essencial em teatro, e por essa razão Camões permanece desconhecido como autor dramático. Ora Gil Vicente possuiu como ninguém este essencial. Com um simples dito faz nascer uma situação e uma personagem. No *Auto da Barca da Glória* salta um lavrador de enxada ao ombro e diz:

– *Que é isto? Cá chega o mar?*

E imediatamente uma situação fica criada: a do camponês que sai dos seus vales e que é surpreendido pela primeira vez pela vista do mar. As personagens de Gil Vicente normalmente não discursam (como fazem as de Calderón) sobre temas mais ou menos objectivos: exprimem-se em ditos que são formas de comportamento, directos e certos como os da gaivota que afocinha para abocanhar a presa.

Este talento especificamente dramático permitiu-lhe criar formas teatrais diversas quase só a partir da mimese da vida que o rodeava, formas que deslumbraram os seus contemporâneos, como mostram os versos citados de Garcia de Resende.

Essas formas resultam de dois principais afluentes: um é a paródia nem sempre satírica, para fazer rir, de variados tipos sociais, em geral estereotipados, como a Alcoviteira, o Ratinho (aldeão da Beira), o Judeu, a Cigana, o Frade folião, o Escudeiro, a Moça de Vila, aperaltada, o Velho namorado. Estes tipos apresentam-se com a sua mímica característica sempre que há uma aberta, numa festa comemorativa, profana ou religiosa.

O outro afluente é didáctico-religioso e destina-se a transmitir a doutrina da Igreja, especialmente sobre o mistério da Encarnação e a luta entre o Bem e o Mal. As personagens deste segundo género de peças são os pastores que testemunharam a Natividade, os profetas, os anjos, Nossa Senhora, com as suas virtudes alegorizadas, a Alma, o Diabo, etc.

O que não se encontra em Gil Vicente é o que foi procurado pelo teatro moderno clássico (em Shakespeare, Corneille, Racine ou Garrett): o conflito íntimo da pessoa solicitada pelos dois extremos de uma alternativa e dividida na sua vontade. Em Gil Vicente não há caracteres individuais, mas apenas tipos de uma só peça, tanto sociais como psicológicos (o Judeu, o Escudeiro e a mulher brava ou mansa).

Para um autor como Gil Vicente, o problema era enquadrar estes tipos, cada um com a sua mímica própria, dentro de composições que às vezes fazem pensar numa rede dentro da qual ainda saltam os peixes vivos.

Por vezes, a simples situação permitia focar um «flagrante da vida real» em que contracenam várias personagens à volta de uma acção. É o caso de *Quem Tem Farelos*, em que a situação central é o namoro da rua para a janela de um escudeiro com uma moça de vila; as vozes começam por atrair o ladrar dos cães e acabam por despertar a mãe da requestada, em fúria; a acção acaba de madrugada com uma discussão entre filha e mãe:

> *ISABEL — Isto vai sendo de dia.*
> *Eu quero, mãe, almoçar.*
> *VELHA — Eu te farei amassar...*
> *ISABEL — Essa é outra fantasia.*

Por vezes, o conjunto é formado por um quadro alegórico, exterior às personagens, como, por exemplo, uma grande feira em que são vendedores os anjos (que vendem virtudes) e um diabo (que vende mercadorias mundanas); são compradores Roma, que procura a paz (dera-se pouco antes o saque de Roma por Carlos V), pastores e camponeses, a quem o Serafim diz:

> SERAFIM – *Esta feira é chamada*
> *das virtudes em seus tratos.*
> BRANCA – *Das virtudes?! E há aqui patos?*

Outro exemplo: o autor imagina um desfile de queixosos em que caminham um vilão que quer educar o filho para padre, dois fidalgos enamorados que dialogam em ridículo estilo petrarquista, regateiras em disputa, um frade que quer ser bispo, um fidalgo agravado pelo Paço, um camponês que quer fazer da filha uma dama, freiras revoltadas contra a regra conventual, duas pastoras. O *compère* (a personagem que interpela e faz falar todas as outras) chama-se Frei Paço e é, ele próprio, um exemplar do clérigo de corte. Este género faz pensar nas nossas actuais «revistas».

Por vezes também um esquema religioso enquadra as personagens profanas, como o *Auto da Barca do Inferno,* em que vários tipos morais e sociais têm de atravessar numa barca o rio da Morte. Aí o *compère* é o Diabo, que põe à prova os diversos tipos, entre eles um fidalgo fátuo e um frade que faz perante o Diabo uma demonstração de esgrima.

Mas, provavelmente, Gil Vicente sentiu estes enquadramentos como limitações e procurou organizar os tipos como personagens de uma estória, isto é, de narrativas encenadas. É já o caso do *Auto da Índia* (1509), que põe em cena uma mulher que não perde tempo enquanto o marido está ausente na Índia:

> *— Pera que é envelhecer*
> *esperando pelo vento?*
>
> ....
>
> *Partiu em Maio daqui*
> *Quando o sangue novo atiça.*
> *Parece-te que é justiça?*

Deste género de auto narrativo, o exemplo mais acabado é a *Farsa de Inês Pereira*, onde se glosa o provérbio «Antes burro que me leve que cavalo que me derrube». O «burro» é um lavrador abastado, mas sem educação nem prendas; o «cavalo» é um escudeiro que sabe dizer piropos e tanger viola. Inês, moça de vila, é requestada por ambos e recusa o vilão, que nem sequer se sabe sentar numa cadeira, mas arrepende-se depois, porque o escudeiro, ao partir para a guerra, a deixa fechada em casa como numa prisão; felizmente, ele é morto na guerra e Inês tem ocasião de reparar o seu erro casando com o pretendente «burro», de cuja simplicidade ela abusa para levar uma vida alegre de amores extraconjugais. Esta longa estória é toda contada sem narrador, em sucessivos quadros cénicos. Salienta-se aquele em que entra Lianor Vaz, alcoviteira, benzendo-se de espanto, e conta uma tentativa de violação por frade, fazendo os dois papéis, o dela e o do frade:

> *— Assolverei. — Não assolverás!*
> *— Tomarei. — Não tomarás!*
> *Jesu, homem! Que hás contigo?*

43

Dentro do mesmo género narrativo, Gil Vicente encenou romances de cavalaria, como o *Dom Duardos,* que acaba num rimance que ficou célebre em todo o mundo hispânico:

> *En el mes era de Abril*
> *de Maio antes um dia*
> *cuando lírios e rosas*
> *muestran más su alegria*
> *en la noche más serena*
> *que el cielo hacer podia*
>
> ....

O auto narrativo pode adquirir uma grande extensão, como na *Comédia de Rubena,* dividida em três partes, separadas supostamente por intervalos de vários anos. Numa deles é mimado perante o público o parto de uma criança com intervenção de uma parteira de prodigiosa presença, que diz, quando chega ao fim:

> *Leda está santa Maria,*
> *sobre o craro luar*
> *em cadeira de alegria!*
> *Dizei-lhe ũa ave Maria*
> *enquanto eu vou mijar.*

Mas ficaríamos com uma ideia incompleta do teatro de Gil Vicente se só considerássemos as suas paródias para rir; temos de atender também aos «autos de devoção», que, ou são da Natividade, com personagens pastoris e por vezes alegóricas, ou sucessões de casos bíblicos que prefiguram o sacrifício de Cristo *(Breve Sumário da História de Deus),* ou ainda moralidades, de que o *Auto da Alma* é a expressão mais completa. Este auto conta simbolicamente a caminhada da Alma entre o Anjo da Guarda e o Diabo e a sua salvação na estalagem da Santa Igreja pelos méritos da Paixão de Cristo. A Alma é — de acordo com a doutrina católica — dotada de livre arbítrio e, por isso, sente-se partilhada entre um e outro e salva-se, quando está prestes a sucumbir, por um esforço de vontade. Ao passo que o Anjo usa um discurso teológico e transcendental, do mais sublime que a literatura portuguesa produziu no género, o Diabo recorre a argumentos terrenos e temporais (poderíamos dizer «fenomenais») que descambam na farsa. O simbolismo de Gil Vicente consiste neste constraste entre o profano e o sagrado, que é também o constraste entre a luz e a sombra, entre as formas geométricas e as formas enrugadas e irregulares do que chamamos real. Esta peça é um dos cumes da arte gótica.

Poderíamos continuar a falar de Gil Vicente, mas o curto espaço de que dispomos impõe um limite a este capítulo.

4

O tempo de Camões

Os italianizantes e a «antiga Espanha»

No tempo de Camões (1525?-1580) cruzam-se duas correntes literárias: por um lado, a que era tradicional da Espanha (romance de cavalaria, lírica em redondilha, cantigas com mote e volta, rimances, teatro ao modo vicentino, etc.) e, por outro lado, um estilo importado de Itália a que se chamava *dolce stil nuovo*, caracterizado pela eloquência ciceroniana na prosa, pelo uso do decassílabo nas composições líricas, pelo teatro em prosa ao modo de Plauto, Terêncio e Séneca, pela introdução de géneros greco-latinos ou italianos, como a epopeia, a elegia, a canção e o soneto.

Cruzam-se as duas correntes dentro da própria obra de Camões, como veremos, e de quase todos os poetas do seu tempo, com uma excepção.

Mais do que nunca, é nesta época que está em voga o bilinguismo entre os escritores portugueses, que na grande maioria também escreveram em castelhano,

46

incluindo o próprio Camões. O maior sucesso literário de um autor português na época foi o de Jorge de Montemor, nascido nesta vila, criado em Portugal e contemporâneo de Camões, autor de *Sete Livros de Diana*, em prosa castelhana, com alguns intervalos líricos em português. Este livro foi um dos grandes sucessos literários do século XVI, teve vinte e cinco edições em castelhano só na segunda metade deste mesmo século e várias traduções em francês, italiano, alemão e holandês.

Sá de Miranda

O primeiro campeão programático da corrente italianizante foi o Dr. Francisco Sá de Miranda, que colaborara no *Cancioneiro Geral* e que entre 1521 e 1526 viajou na Itália para conhecer a celebrada Renascença italiana. «Vi Roma, vi Veneza, vi Milão.», escreve. Começou então a compor versos em decassílabo. Devem-se-lhe as primeiras éclogas, elegias e sonetos em língua portuguesa. Mas não abandonou a redondilha hispânica. Foi nesta medida que compôs a écloga *Basto* e as cartas em português e castelhano a vários destinatários, entre eles o rei D. João III, a quem dá conselhos sobre questões nacionais.

Ele é o exemplo do poeta que tem opiniões frontais sobre temas da actualidade. Pouco adaptável à corte, retirou-se para as suas terras no Alto Minho:

Homem de um só parecer
De um só rosto e de uma fé
[...]
Outra cousa pode ser
Mas de corte homem não é.

A mudança de vida resultante do comércio da Índia desgostou-o:

> *Não me temo de Castela*
> *Donde guerra inda não soa*
> *Mas temo-me de Lisboa*
> *Que ò cheiro desta canela*
> *O reino nos despovoa.*

Ao lavrador sucedeu o marinheiro vadio que volteia como macaco nas cordas dos navios. Os senhores ausentam-se das terras e desfrutam na ociosidade o trabalho do camponês: as ricas peles em que se aconchegam e luzem são as peles dos lavradores. A Natureza, mãe e amiga, foi violada, «espíritos vindos do céu foram postos aos lanços na praça» (alusão à escravatura); os homens fazem do brando ouro e da prata duras prisões de ferro; assim os mineiros

> *que deixam atrás o dia*
> *e pela noite avante vão.*

O verso de Sá de Miranda não é fluente, nem por vezes harmonioso, mas condensado, elíptico, com arestas e pontas, e de rédea curta. E por isso mesmo ele atrai pela saliência e pelo imprevisto das suas sentenças, que parecem provérbios. Assim

> *Tudo seus avessos tem*

ou

> *Eu aos meus palmos me meço*

ou ainda

O pensamento, que é nosso,
não no-lo querem deixar.

Sá de Miranda também cultivou o teatro de imitação latino e italiano. As suas peças passam-se em Itália, donde o autor regressara, e nunca conseguiram interessar leitores portugueses.

António Ferreira e o classicismo

No meio da numerosa roda de discípulos e correspondentes salienta-se o Dr. António Ferreira (1528--1569), que admira em Sá de Miranda o ser o introdutor em Portugal do novo estilo italiano:

Novo mundo, bom Sá, nos foste abrindo
Com tua vida e com teu doce canto.

António Ferreira foi entre nós o mais coerente praticante da nova estética vinda de Itália (de Florença, capital da Toscânia), abandonando completamente a arte tradicional e popular da Espanha:

Eu por cego costume não me movo
Vejo vir claro lume de Toscana.
Neste arço[3]; a antiga Espanha deixo ao povo.

A arte de António Ferreira é intencionalmente elitista, antipopular:

Nem o povo nos ame, nem o amemos.

---

[3] Ardo, queimo-me.

Ele foi o mais ardente paladino da nova estética e o seu principal doutrinário, uma espécie de Boileau português com mais de um século de antecipação sobre o francês. Teve como principal modelo o poeta latino Horácio e deu eco aos seus preceitos de moderação e equilíbrio:

> *Há nas cousas um fim, há tal medida*
> *que quanto passa ou falta dela é vício.*

É o único poeta português do século XVI que não escreveu um verso em castelhano; os seus poemas foram editados com o nome (sem paralelo na sua época) de *Poemas Lusitanos*. Teve uma viva consciência nacionalista da língua:

> *Floresça, fale, cante, ouça-me e viva*
> *A portuguesa língua, e lá onde for*
> *Senhora vá de si, soberba e altiva.*

Cultivou todos os géneros líricos greco-latinos em português; incitou outros poetas a cultivarem a epopeia; compôs duas comédias imitadas do teatro latino, que foram dois insucessos. E criou a única tragédia clássica em português e de assunto português que ainda hoje aguenta a representação: a *Castro*. Tem coros à grega e diálogos que em grande parte se reduzem a monólogos líricos alternados. O mesmo tema tinha sido tratado por Garcia de Resende num rimance chamado *Trovas à Morte de D. Inês de Castro*, publicado no *Cancioneiro Geral*.

Luís de Camões

Sabemos que ele nasceu em 1524; que era «escudeiro», categoria humilde e mal-afamada. Esteve em Coimbra e em Lisboa e partiu para o Oriente com

28 anos, no posto de soldado raso. Com a promessa deste alistamento libertou-se da cadeia do Tronco, onde estava por ter ferido numa desordem um empregado das estrebarias do Paço. Esteve no mar Vermelho, em Goa, em Macau e noutras terras do Extremo Oriente. Voltou a Lisboa em completa penúria, mas com um tesouro que salvara a nado num naufrágio na foz do Mecom: o manuscrito d'*Os Lusíadas,* dedicado a D. Sebastião. Conseguiu publicá-los em 1572 com o apoio de D. Manuel de Portugal, da Casa Vimioso, e obteve uma tença do rei equivalente ao salário de um soldado do Oriente aposentado.

As composições líricas de Camões oscilam entre dois pólos: o lirismo confessional, em que o autor dá expressão à sua experiência íntima, e a poesia de pura arte, em que pretende transpor os sentimentos e os temas a um plano formal, lúdico.

Neste segundo pólo, Camões revela-se um subtil ourives de composições delicadas e gráceis, discretamente preciosas, fabricadas com o ouro dos cabelos do sol, com o verde dos campos e dos olhos, o resplandecimento dos olhares e das águas, tudo ordenado em antíteses e paradoxos, segundo linhas enredadas mas geométricas. É nas redondilhas sobretudo, género tradicional da «antiga Espanha», que Camões pratica este tipo de poesia, que marca a passagem do escolasticismo do *Cancioneiro Geral* para o conceptismo barroco.

Também nas redondilhas em estilo conceptista Camões desenvolve temas inspirados por uma reflexão sobre a sua situação existencial:

> *Tenho-me persuadido*
> *Por razão conveniente*
> *que não posso ser contente*

> *pois que pude ser nacido.*
> *Anda sempre tão unido*
> *o meu tormento comigo*
> *que eu mesmo sou meu perigo.*

É sobretudo nas composições em estilo italiano, nos sonetos, nas odes e nas canções que encontramos o lirismo confessional, as amargas reflexões sobre o destino, o sentido ou o sem-sentido da experiência, a desproporção entre os valores e os factos. Nalguns destes poemas, muito próximos da poesia romântica confessional, Camões parece obedecer a uma necessidade de desabafo:

> *Vinde cá, meu tão certo secretário*
> *dos queixumes que sempre ando fazendo,*
> *papel com que a pena desafogo.*
> *As sem-razões digamos que, vivendo,*
> *me faz o inexorável e contrário*
> *destino, surdo a lágrimas e a rogo.*
> *Deitemos água pouca em muito fogo,*
> *acenda-se com gritos um tormento*
> *que a todas as memórias seja estranho.*

Com razão se chama «canção autobiográfica» à canção X, que começa pelas citadas palavras, e onde o autor se apresenta como um predestinado do amor e uma vítima do destino:

> *As lágrimas da infância já manavam*
> *com uma saudade namorada;*
> *o som dos gritos que no berço dava*
> *já como de suspiros me soava.*

A ideia do amor cantada por Camões é a que já vinha dos trovadores e que fora renovada por Dante e sobretudo por Petrarca: o amor é uma aspiração que engrandece e apura o espírito do amante, e não pode consumar-se, sob pena de se extinguir; tem de ser sempre sofrimento e desejo insatisfeito.

Camões imita e coincide com Petrarca na ideia do amor:

> *Amor é um fogo que arde sem se ver*
> *é ferida que dói e não se sente, etc.*

Mas afasta-se do seu principal mestre no vigor e aspereza dos seus desabafos.

Manifesta a sua impaciência e a dor insofrível que, parafraseando num soneto versículos do *Livro de Job*, representa a memória do seu nascimento, concluindo:

> *Ó gente temerosa, não te espantes,*
> *que este dia deitou ao mundo a vida*
> *mais desventurada que se viu!*

É também insistente e aguda em Camões a oposição entre o amor «pela activa», isto é, realizado, e o amor contemplativo que se prolonga pela não consumação:

> *Pede-me o desejo, Dama, que vos veja;*
> *não entende o que pede, está enganado.*
> *É este amor tão fino e tão delgado*
> *que quem o tem não sabe o que deseja.*

Uma grande parte dos versos da lírica gira em torno do «desconcerto do mundo», isto é, o contraste entre o mundo tal como deveria ser e o mundo tal como é, o mundo dos valores e o mundo dos factos, o mundo da ordem e o mundo do acaso:

> *Verdade, Amor, Razão, Merecimento,*
> *qualquer alma farão segura e forte.*
> *Porém, Fortuna, Caso, Tempo e Sorte*
> *têm do confuso mundo o regimento.*

Mas, pessoalmente, para o poeta nem mesmo esta contraposição pode servir de critério, porque experimentou ser mau, mas foi castigado:

> *Assim que só para mim*
> *anda o mundo concertado.*

O mundo não tem sentido nem lógica. Certo ateniense louco imaginava que lhe pertenciam todas as naus que via entrar no porto, e era feliz; curaram-no, ele soube a verdade, e nunca mais teve alegria.

No meio desta universal sem-razão e sem-sentido há uma única tábua de salvação a que o poeta deita as mãos:

> *Cousas há i que passam sem ser cridas*
> *e cousas cridas há sem ser passadas,*
> *mas o milhor de tudo é crer em Cristo.*

Encontramos neste soneto, ao mesmo tempo, uma rejeição dos sistemas teológicos e a expressão de uma espécie de existencialismo cristão.

Na longa meditação em redondilha conhecida por «Babel e Sião», paráfrase de um salmo de David, o poeta medita sobre a mesma incoerência do mundo, sobre a incompatibilidade entre as expectativas humanas e o processo objectivo do tempo:

> *Onde vi quantos enganos*
> *faz o tempo às esperanças.*

O poeta imagina-se como David à beira dos rios de Babilónia, terra de exílio, pensando nos tempos felizes de Jerusalém:

> *E vejo-me a mim que espalho*
> *tristes palavras ao vento.*

O poeta revive na memória uma felicidade passada, revive Jerusalém em Babilónia, como os judeus de Babilónia, que viveram sempre no desterro; e, como eles, nunca viu o tempo feliz de Jerusalém. Como é que então imagina a terra da felicidade que nunca possuiu? Não a lembra na *memória*, mas na *reminiscência;* não era uma memória das coisas experimentadas mas a marca de uma vida anterior à terrena, no mundo «inteligível»:

> *Não é, logo, a saudade*
> *das terras onde naceu*
> *a carne, mas é do Céu,*
> *daquela santa cidade*
> *donde esta alma descendeu.*

Esta distinção entre *memória* da terra e *reminiscência* da vida celeste é uma ideia platónica, a que corresponde a distinção entre as coisas particulares e falíveis do mundo da experiência, que eram como sombras, e as ideias, os *arquétipos,* que eram verdadeiros, luminosos e perenes. Camões, como vários pensadores cristãos, adopta esta distinção entre o mundo sensível e o mundo inteligível, identificando este com o mundo celestial cristão. A sua experiência amorosa terrena aparece-lhe agora como um degrau para a verdadeira beleza, que não é deste mundo:

> *E o que tomei por vício*
> *me fez grau para a virtude;*
> *e faz que este natural*
> *amor, que tanto se preza,*
> *suba da sombra ao real,*
> *da particular beleza*
> *para a Beleza geral.*

É assim que, com o auxílio da graça, o poeta consegue livrar-se da «terra de dor, de confusão e de espanto» e

> *passar logo o entendimento*
> *para o mundo inteligível,*

a que chama «divino aposento, minha pátria singular».

E, assim, constatando a impossibilidade da satisfação amorosa e a irracionalidade inexplicável do mundo, Camões transfere para o outro mundo a solução das dificuldades irremediáveis dele. Mas esta não é a única conclusão de Camões.

«Os Lusíadas» e o ideal renascentista da epopeia

O tema d'*Os Lusíadas* é uma justaposição do ideal cavaleiresco e do ideal humanista no cavaleiro-letrado que foi Camões.

Coube-lhe, no declinar do século XVI, realizar o projecto de epopeia já idealizado ou mesmo anunciado em Zurara, João de Barros, Garcia de Resende e sobretudo António Ferreira. Camões aproveitou toda a matéria épica que antes dele tinha sido preparada: dos lugares-comuns retóricos acumulados por aqueles autores e também por Angelo Policiano, um humanista italiano ao serviço de D. João II, aproveitou principalmente a ideologia, toda feita sobre os motivos religiosos dos Descobrimentos, o ideal de cruzada, o destino providencial dos Portugueses, e fixou-os em verso lapidar.

A história de Portugal aparece desde o começo orientada para a missão providencial da dilatação da fé. Não falando já nos singulares feitos de Viriato, que atestam a bravura da sua gente, não apareceu o próprio Cristo a D. Afonso Henriques na batalha de Ourique, incitando-o à destruição dos infiéis? Não foi no Salado, e em virtude do auxílio decisivo de Afonso IV, que se decidiu a sorte do domínio mouro na Península? Os reis cruzados são objecto de especial desenvolvimento em *Os Lusíadas*, como sucede com Afonso V, *o Africano*. As dificuldades que surgem no caminho para a Índia resultam de que um deus pagão, Baco, se persuade de que a implantação do cristianismo no Oriente lhe roubará o culto dos seus fiéis.

Esta matéria épica é constituída por um certo número de ideias, de interpretações convertidas em lugares-comuns oficiais, e não por heróis ou narrativas populares. Falta-lhes, por isso, aquilo que é característico das epopeias primitivas, como a *Ilíada*, a *Odisseia*, a *Chanson de Roland* ou o *Cantar de Mio Cid:* os heróis, isto é, as personagens cuja acção e cujas paixões são a própria mola da acção épica. Em *Os Lusíadas* o herói é uma entidade abstracta, «o peito lusitano», isto é, Portugal considerado colectivamente. Quanto às diversas personagens apresentadas no decorrer do poema, são como autómatos, figurantes sem personalidade própria e sem autonomia, que não conservamos na memória.

Mesmo na descrição de batalhas, como a de Aljubarrota ou do Salado, o destino dos homens célebres, como Nuno Álvares ou Afonso IV, não nos aparece comprometido no desenrolar dos acontecimentos. A principal função destas personagens é recitar os discursos, por vezes admiráveis do ponto de vista oratório, que Camões lhes distribui.

Os Lusíadas são, sob este aspecto, uma tradução poética das *Décadas,* de João de Barros, visando o mesmo objectivo de apregoar a ideologia oficial que recobrira a política expansionista da coroa portuguesa e que correspondia a um sentimento nacional.

No entanto, Camões não manifesta um entusiasmo incondicional pelos heróis que lhe servem de assunto. Frequentemente os critica, especialmente pela sua rudeza e falta de interesse pelas letras. E num episódio enigmático, o do *Velho do Restelo,* atribui à «glória de mandar» e à «vã cobiça» o impulso que move o Gama e seus companheiros. Neste episódio Camões resume alguns lugares-comuns dos humanistas e afirma a sua independência e reserva em relação aos feitos épicos de que se faz cantor. Noutros passos, dentro do mesmo espírito, insiste na superioridade das letras sobre as armas.

Papel e significado da mitologia em «Os Lusíadas»

Dar vida e interesse poético a esta matéria abstracta, impessoal e antecipadamente fixa era um problema árduo.

Há em *Os Lusíadas* algumas descrições notáveis de fenómenos e aspectos da Natureza ao lado de algumas narrativas elegantes, mas convencionais, de batalhas. Há também episódios líricos comoventes, como o de Inês de Castro. Há ainda belos trechos oratórios, como o do *Velho do Restelo,* a súplica de Maria a D. Afonso IV. O verso atinge uma extraordinária riqueza de ritmo, de evocação sensorial, de concisão lapidar, de largueza oratória. Mas, com tudo isto, falta à parte histórica e realista d'*Os Lusíadas* uma unidade de conjunto. Sem a fábula mitológica o poema não seria mais do que uma sequência de episódios e de quadros desarticulados.

Foi por meio da mitologia greco-latina que Camões conseguiu resolver o problema estético com que se debatiam os poetas que aspiravam à realização da epopeia. À falta de heróis humanos, serve-se dos deuses celebrados nas epopeias da antiguidade e constrói com os seus diversos caracteres e paixões uma intriga que é o verdadeiro enredo do poema: os deuses do Olimpo dividem-se e disputam a propósito de três minúsculos barquinhos que sulcam as águas do Índico. Enquanto uns, como Vénus e Marte (os Portugueses são amorosos e valentes), capricham em protegê-los, outros, como Neptuno, cioso do velho senhorio dos mares, e Baco, que defende o seu domínio no Oriente, pretendem impedir a continuação da viagem. O Olimpo treme sob as altercações dos deuses, mas Júpiter acaba por aderir ao partido de Vénus. Os deuses são, assim, com os seus caprichos, a sua agitação, os seus planos e manhas, os verdadeiros humanos, enquanto Vasco da Gama, solene e hierático como uma estátua, se limita a cumprir um destino em que a sua vontade não intervém. A mola da acção está fora dos homens propriamente ditos.

É através dos deuses principalmente que Camões instila no seu poema um conteúdo humanista de confiança no destino humano. Na sua própria carne florescente, os deuses de Camões representam o ideal de super-homem que Miguel Ângelo cantou na tela e no mármore. A sua vida amorosa, livre, transcende as limitações em que o próprio Camões se debate.

Neptuno, vítima principal da audácia dos Portugueses, exprime em dois versos lapidares esta afirmação da vitória do homem sobre os elementos, ao afirmar o seu receio de que, conquistando os mares, os humanos «venham a deuses ser e nós humanos». E no final do episódio da ilha dos Amores, em que os Portugueses se enlaçam com as ninfas imortais, Vasco da Gama é admitido no Olimpo pelo conúbio com a deusa Tétis. É depois disto que ele contempla com os olhos divinos a «grande máquina do mundo», segundo a concepção de Ptolemeu.

Jorge Ferreira de Vasconcelos

Este contemporâneo e, provavelmente, companheiro de Camões, nascido cerca de 1515, falecido depois de 1563, escreveu teatro em prosa dentro de um género cujo protótipo é a célebre *Tragicomédia de Calisto y Melibea,* mas vulgarmente conhecida por *Celestina,* do espanhol Francisco de Rojas. As suas peças, muito extensas, em prosa, são dificilmente representáveis e parecem escritas para a leitura. Em todas elas há a intenção declarada de fazer uma pintura realista da sociedade contemporânea. Na *Comédia Eufrosina* (1.ª ed., 1555, mas o manuscrito circulava pouco depois de 1540) retrata principalmente o meio coimbrão. Na *Ulissipo* (de que só se conhece a 2.ª ed., de 1616) apresenta-

-nos uma família burguesa de Lisboa. Na *Aulegrafia* (escrita antes de 1555, 1.ª ed., 1619) descreve amores na corte. Os tipos são numerosos e descritos, por vezes, com pormenor e destemida observação. Certos vícios sociais da época, como a reclusão e a menoridade a que estavam sujeitas as mulheres, são vivamente postos em foco. Vasconcelos consegue dar-nos um retrato da sociedade mais pormenorizado e menos estereotipado do que o de Gil Vicente. Literalmente, o que a obra de Vasconcelos oferece de mais notável é dar-nos com fragrância o estilo coloquial da corte, cheio de sensualidade, de imprevisto, de fantasia e de ligeireza, muito diferente quer da gravidade clássica, quer da rusticidade vicentina, quer do amaneiramento já gasto do lirismo tradicional. F. de Vasconcelos soube servir-se artisticamente deste estilo, que só se encontra nas suas obras, nas cartas de Camões e em poucos mais documentos, enxertando nele inumeráveis aforismos e frases de origem popular ou erudita:

> [...] seus olhos de esguelha, ar no peito, tento no calçar da luva, guedelha descuidada, compondo a gorgueira, chamando a modo de perdigão para as amorosas telas e bem adargadas.

As sentenças de F. de Vasconcelos não deixam de lembrar as de Sá de Miranda. Eis como ele formula um século antes de Pascal a famosa sentença «la coutume c'est une seconde nature»:

> *O costume é outra natureza que a vence.*

F. de Vasconcelos deu o seu contributo à moda escrevendo um romance de cavalaria: *Memorial das Proezas da Segunda Távola Redonda*.

61

A novela de cavalaria nunca deixou de estar em moda desde o século XIII. Um dos principais livros impressos em Portugal foi a *Estoria de Vespasiano*, que pertence ao ciclo romanesco do Santo Graal, muito estimado por D. João III, a quem foi dedicada a *Crónica do Imperador Clarimundo*, de João de Barros (1520). Gil Vicente fez autos de tema cavaleiresco, como o *Dom Duardos* (1522). Francisco de Morais iniciou um novo ciclo, escrevendo o *Palmeirim de Inglaterra*, cuja primeira edição é em castelhano (1547). O espírito da novela cavaleiresca reflecte-se no episódio dos doze de Inglaterra no canto VI d'*Os Lusíadas*.

A literatura espiritual

O mais notável dos prosadores doutrinais do século XVI é o jerónimo Fr. Heitor Pinto, cuja *Imagem da Vida Cristã* (1563-1572) conheceu um prodigioso sucesso editorial. É formada por onze diálogos. O autor, contemporâneo de Camões, está ainda fortemente impregnado de cultura humanística e exprime-se numa prosa poética, com toques de lirismo saudosista, sempre alada e sugestiva, em que as imagens, por vezes de brilho diamantino, se enfiam como as contas de um colar. Heitor Pinto é um grande poeta em prosa:

> [...] é tão pequeno o pavio da nossa vida, vai-se consumindo com tanta ligeireza a cera da idade [...]

As suas imagens tendem constantemente a transfigurar a realidade material em símbolo de verdades sobrenaturais, combinando o platonismo com o simbolismo medieval. Heitor Pinto é, desta forma, um dos que assinalam a transição do humanismo para o barroco seiscentista: «A vida que sempre morre que se perde em que se perca?»

Têm muito menos interesse os *Diálogos* de Fr. Amador Arrais, da Ordem dos Carmelitas (1589), obra de catequista.

Mais próximos de uma atitude mística estão os *Trabalhos de Jesus* (1602-1609), de Fr. Tomé de Jesus, escritos em Marrocos, no cativeiro, após Alcácer Quibir. O autor pretende consolar a nação portuguesa com uma filosofia da dor que se compraz na evocação carnal, quase sádica, dos sofrimentos de Cristo. Redigido num estilo emocional, em que os períodos parecem *ais* prolongados em ecos que vão morrendo, este livro resume bem a perda de horizontes, no final do século, da colectividade portuguesa.

5

João de Barros e os historiógrafos e viajantes

João de Barros (1496-1570)

Conhecido mundialmente como o autor das *Décadas,* de que já falaremos, foi também um polígrafo de talentos variados.

Começou pelo romance de cavalaria, oferecendo ao príncipe D. João (futuro D. João III) a *Crónica do Imperador Clarimundo* (1522), personagem imaginária, raiz da casa real de Portugal. É uma novela de aventuras dominada, como a *Demanda do Santo Graal,* por um sentimento messiânico: o advento do império português. Este livro deve ter influenciado *Os Lusíadas.*

Em 1540 publicou uma *Gramática da Língua Portuguesa,* quatro anos depois de Fernão de Oliveira ter publicado outra obra com idêntico título. No ano anterior tinha saído a sua *Cartinha para Aprender a Ler.* Atribuía-se então grande importância ao ensino da língua portuguesa (como já vimos) e João de Barros deu

64

para isso o seu tributo com o *Diálogo em Louvor da Nossa Linguagem.* Estava em cima dos acontecimentos, e não admira que também se tenha ocupado do judaísmo no *Diálogo Evangélico sobre os Artigos da Fé contra o Talmud dos Judeus*, obra publicada logo a seguir ao primeiro auto-de-fé que se fez em Lisboa (1540).

Mas as obras mais notáveis de João de Barros são um diálogo mais tarde posto no índex dos livros proibidos e a grande colecção histórica conhecida por *Décadas.*

O primeiro intitula-se *Rhopica Pnefma*, título grego, que significa em português «mercadoria espiritual». Trata-se de um diálogo entre o entendimento, a vontade e o tempo, que querem passar o rio da Morte, e a razão, que lhes veda a passagem por eles não oferecerem em pagamento senão pecados. Eles insistem, procurando demonstrar que a imortalidade da alma e a existência de uma outra vida com prémios e castigos não passam de enganos ou mentiras propagados pelos sacerdotes em proveito próprio. No decorrer da discussão é feita uma viva crítica ao clero, à nobreza e aos Hebreus, inspirada claramente em Erasmo, que lembra, pela sua violência e precisão, a de Gil Vicente.

Além disto, é posto pela raiz o problema da origem do poder e da propriedade da terra, que, segundo uma personagem, teriam na sua origem a violência e o engano, como já pretendera Tomás Moro na *Utopia.* A razão prega um cristianismo inspirado no sermão da montanha, de marca erasmita, tendo como virtudes principais a humildade e a tolerância.

Tudo isto nos é dado numa linguagem coloquial viva e directa, onde não faltam as exclamações, as reticências e até uma gargalhada; quando é preciso, recorre-se à rigidez escolástica da argumentação, em contraste com o tom lírico em que se fala de Cristo, amigo dos humildes e dos simples. Algumas imagens originais precisam o pensamento do autor. A vivacidade desta prosa faz pensar na do verso vicentino, e dificilmente se reconhecerá nela o futuro prosador das *Décadas*, de que adiante falaremos.

A segunda obra notável de João de Barros, conhecida por *Décadas*, é um fragmento de uma vasta enciclopédia, constituída por uma geografia universal *(Geografia)*, que se perdeu ou que não chegou a ser escrita, por um tratado, também universal, sobre o *comércio* (que também não se conhece) e por um tratado de história mundial, abrangendo as guerras dos Portugueses na Europa, na África, na Ásia e no Brasil (Santa Cruz). Esta terceira parte chamava-se *Milícia* e dividia-se em quatro partes, com os nomes dos quatro continentes. Deste ambicioso plano apenas resta a *Ásia*, dividida em períodos de dez anos, ou *Décadas*, nome por que é mais conhecida (1.º vol., 1522, 2.º vol., 1553, 3.º vol., 1563), onde se faz o panegírico histórico da acção portuguesa no Oriente a partir da viagem de Vasco da Gama. O ponto de vista unilateral em que se coloca o autor é por ele mesmo reconhecido ao dizer que procedeu como um pintor que, tendo de retratar um príncipe cego de um olho, colocou o modelo de maneira que só ficasse visível o olho são. De facto, João de Barros esforça-se por apresentar a acção portuguesa no Oriente sob o aspecto mais favorável.

Deve notar-se, todavia, que os novos tempos se manifestam nele através de uma visão planetária da história e do sentimento da unidade dos homens de todos os continentes. O seu plano era tratar da acção dos Portugueses nas quatro partes do mundo: Europa, Ásia, África e Santa Cruz, do triplo ponto de vista da conquista, da navegação e do comércio.

Inspirando-se sobretudo em Tito Lívio, o historiador da expansão romana, adoptou um estilo grave, como uma toga roçagante, esmaltado de hipérboles que anunciam *Os Lusíadas,* de longos períodos alatinados e gramaticalmente complexos, que chegam a fatigar a atenção do leitor. Mas um notável sentido arquitectónico preside à ordenação dos capítulos e das respectivas matérias nas *Décadas* e certo revestimento de dignidade e de grandeza é nelas constantemente ostentado.

É fácil de ver que desta prosa historiográfica desaparece completamente a anedota significativa, o pormenor pitoresco, o diálogo dramático e tudo aquilo que revela a humanidade dos agentes da história. Em seu lugar ficam modelos convencionais. João de Barros é um continuador de Zurara e a principal fonte d'*Os Lusíadas* para a narrativa da viagem à Índia.

Outros historiógrafos

Tanto pela sua maneira de conceber a história como pela sua prosa narrativa, João de Barros pertence à escola clássica, isto é, neolatina, cujo precursor em Portugal fora Zurara. Mas paralelamente a ele permaneceram os cronistas continuadores da tradição de Fernão Lopes e de Rui de Pina, como Damião de Góis (1502-1574), cronista de D. João II e D. Manuel, muito menos talentoso do que Fernão Lopes, mas igualmente amigo da veracidade, e Fernão Lopes de Castanheda (m. 1559), autor de um substancioso e pormenorizado compêndio de história do descobrimento e conquista da Índia pelos Portugueses. Entre outros vários salienta-se Gaspar Correia, autor de um livro extraordinário, as *Lendas da Índia.*

Gaspar Correia viveu cinquenta anos no Oriente e foi secretário de Afonso de Albuquerque; é um grande escritor medieval e um prodigioso memorialista. Permite-nos, mais do que qualquer outro, ter uma visão das acções, valores e motivações dos Portugueses na Índia, desde o vice-rei ao simples soldado, na primeira metade do século XVI. Pela sua minúcia, vivacidade e ausência de precauções estilísticas, esta obra tem uma espantosa presença de realidade. Como cronista, Gaspar Correia pode comparar-se com Fernão Lopes e pôr muito acima de qualquer dos outros. A sua obra revela-nos o lado escondido por João de Barros; é extremamente verdadeira e indiscreta sobre os heróis e as acções portuguesas no Oriente e por isso só veio a ser editada no século XIX. Até hoje não foi objecto de um estudo condigno.

A historiografia teve uma larga continuação. Diogo do Couto continuou as *Décadas* de João de Barros com mais veracidade e menos diplomacia. As *Crónicas de Portugal* tornaram-se compêndios ambiciosos, como as *Crónicas dos Reis de Portugal*, de Duarte Nunes de Leão, ou a *Monarquia Lusitana*, cujas duas primeiras partes, devidas a Fr. Bernardo de Brito, monge de Alcobaça, são narrativas fantasiosas e milagreiras que começam no dia da criação da luz (domingo, no equinócio de Março, segundo o narrador) e fundamentam o milagre de Ourique em documentos propositadamente falsificados para essa invenção. As partes seguintes (3.ª e 4.ª) devem--se a Fr. António Brandão, cuja narrativa se baseia numa análise crítica e conscienciosa dos documentos e que por isso ainda hoje, em parte, é válida.

Teve grande voga nesta época a historiografia monástica, de que damos apenas dois exemplos: Fr. Luís de Sousa, excelente prosador, mas investigador pouco rigoroso, na *História de S. Domingos* (1623—1678) e na *Vida de Fr. Bartolomeu dos Mártires* (1619), e Fr. Manuel da Esperança, que, embora querendo glorificar a sua ordem, merece mais crédito pela sua *História Seráfica da Ordem dos Frades Menores* (1655-1666).

Livros de viagens

A descoberta do Oriente foi uma revelação, e no século XVI os livros de viagens tinham grande procura. É sob este estímulo que se publicam, entre outros, a *Verdadeira Informação das Terras do Preste João das Índias*, do P.ᵉ Francisco Álvares (1540), desvendando à Europa o misterioso príncipe que tanto intrigara a imaginação medieval, o *Itinerário em Que Se Contém como da Índia Veio por Terra a Portugal*, de António Tenreiro (1560), o *Tratado das Cousas da China e de Ormuz*, de Fr. Gaspar da Cruz (1570), o primeiro livro europeu sobre a China, o *Itinerário da Terra Santa*, de Fr. Pantaleão de Aveiro (1593), etc., além das descrições geográficas que abundam nas crónicas de Barros, Castanheda e Gaspar Correia e na *História da Vida do Padre Francisco Xavier*, de João de Lucena (1600). O Brasil foi pela primeira vez descrito com bastante sinceridade, aquando do seu «achamento», em 1500, por Pêro Vaz de Caminha numa carta ao rei D. Manuel.

Merece um lugar de relevo a *Peregrinação*, de Fernão Mendes Pinto (c. 1510-1583), um dos mais empolgantes livros de viagens das literaturas europeias.

Foi escrita, segundo diz, unicamente para os seus filhos:

> [...] para que eles vejam nela [esta obra] estes meus trabalhos e perigos da vida que passei no discurso de vinte e um anos, em que fui treze vezes cativo e dezassete vendido nas

partes da Índia, Etiópia, Arábia Felix, China, Tartária, Macassar, Samatra e outras muitas províncias daquele oriental arquipélago dos confins da Ásia a que os escritores chins, siames, guéus e léquios nomeiam nas suas geografias por Pestana do Mundo [...] Daqui [continua o autor] tomem os homens motivo de se não desanimarem com os trabalhos da vida [...] porque não há nenhuns, por grandes que sejam, com que não possa a natureza humana ajudada do favor divino.

É um livro de múltiplas e, por vezes, súbitas acções, viagens, saques, raptos, combates, massacres, naufrágios, por terras e gentes desconhecidas. O ritmo é empolgante, pois de um crescendo se entra noutro. A prosa é ainda medieval, sem a hierarquia sintáctica do neoclassicismo. Por vezes, um toque de exotismo imita um estilo local. Diz uma mulher numa súplica dirigida a um tirano:

> [...] usando comigo piedade será uma tamanha grandeza na fama de tua pessoa que até os meninos deixarão de mamar a alvura dos peitos de suas mães para te darem os louvores com os beiços limpos de sua inocência.

Além dos costumes dos Japoneses, Chineses, etc., Mendes Pinto descreve os costumes dos próprios portugueses, deixando-nos um documento eloquente sobre a aventura oriental, os processos de obtenção da riqueza, a mentalidade do aventureiro. Em particular, narra os assaltos e massacres praticados por um bando de piratas portugueses que percorrem as costas da China e da Malásia.

Esta narrativa, que, à primeira vista, não tem outra intenção senão desenfadar o público com sucessos extraordinários descritos com crueza, dá-nos o reverso da literatura inspirada pelo espírito de cavalaria ou de cruzada: a guerra aparece aí como uma simples forma de saquear cidades ricas ou barcos carregados. Mendes Pinto apresenta-se a si mesmo como um pobre diabo despido de preconceitos patrióticos ou cavaleirescos — uma espécie de Sancho Pança, a contrastar com os Quixotes heróicos cantados por João de Barros ou por Camões. Sob este aspecto, a *Peregrinação* aparenta-se com a novela picaresca espanhola. Apesar desta atitude despreocupada, adivinha-se nele uma crítica mal disfarçada à acção portuguesa no Oriente, sobretudo quando faz contrastar a selvajaria e impiedade dos seus companheiros com a urbanidade, a tolerância e a sabedoria religiosa dos Chineses, Japoneses, Léquios e outros.

O alegado espírito missionário dos Portugueses no Oriente é desmascarado por um menino chinês que um pirata português raptou e que rezou, depois de comer, para agradecer a Deus o produto do roubo:

> Sabeis por que vo-lo digo? Porque vos vi louvar a Deus depois de fartos, e com os beiços untados, como homens que lhes parece que basta arreganhar os dentes ao céu sem satisfazer o que têm roubado. Pois entendei que o Senhor da Mão Poderosa não nos obriga tanto a untar os beiços quanto nos defende tomar o alheio — quanto mais roubar e matar, que são dois pecados tão grandes quanto depois de mortos conhecereis no rigoroso castigo da sua divina justiça.

A descrição, em grande parte fantasiada, da China e de outros países é pretexto para expor a imagem de um Estado ideal, em que não há pobres, nem escassez, nem injustiças, e de uma religião ideal, que se reduz à crença num deus universalista, superior aos cultos, e que exige dos crentes, mais do que ritos e rezas, um comportamento moral. Abundam na *Peregrinação* as falas de personagens orientais que servem de porta-vozes a tais ideias, cuja responsabilidade dificilmente o autor poderia assumir. Tal como no-los apresenta F. M. Pinto, esses orientais são os verdadeiros civilizados e os europeus os verdadeiros bárbaros.

Toda uma série de reportagens se escreveram para um público interessado nos desastres e aventuras da navegação e foram publicadas em folhetos de cordel. Em certas situações são apresentadas como testemunhos de casos comoventes e impressionantes, o mais célebre dos quais também foi relatado por Camões n'*Os Lusíadas* e por um poeta narrativo chamado Jerónimo Corte Real. Estes folhetos de cordel foram mais tarde coleccionados na *História Trágico-Marítima* por Bernardo Gomes de Brito (1735-1736).

6

O apogeu da agudeza

O discurso engenhoso

A palavra *barroco* é imprecisa porque designa estilos diferentes, conforme as regiões, as épocas e os géneros. O barroco ibérico resulta de uma convergência entre o estilo medieval escolástico (que permanece até ao século XVIII), com a sua subtileza conceptual, e o estilo clássico e italianizante, com os seus elementos decorativos, sentenças antigas, exemplos e entidades mitológicas. Estas correntes convergem num discurso a que interessava menos a representação do real do que a arte criada pelo puro engenho. A agudeza, mãe do engenho, não se confude com o juízo, que serve para discriminar o verdadeiro do falso.

Encontramos já exemplos do discurso engenhoso no *Cancioneiro Geral*, de Garcia de Resende, no teatro de Jorge Ferreira de Vasconcelos, nos romances de cavalaria, na lírica e na épica de Camões e nos diálogos de Heitor Pinto.

Esse «engenho» ou «agudeza», cujo principal teórico foi em meados do século XVII o aragonês Baltasar Gracián *(Agudeza y Arte de Ingenio)*, afastava-se deliberadamente do real, ora por jogos de conceitos em que se concluíam paradoxos de uma pretensa lógica contida nas palavras (conceptismo), ora por efeitos de brilho e surpresa resultantes da evocação de objectos raros e luminosos (cultismo). De Camões a Góngora mede-se o caminho percorrido nessa direcção.

O P.ᵉ António Vieira (1608-1697) caracterizou dois aspectos dominantes deste estilo: um é o carácter hiperbólico e o preciosismo das imagens:

> [...] a motivar desvelos, a acreditar empenhos, a requintar finezas, a lisonjear precipícios, a brilhar auroras, a derreter cristais, a desmaiar jasmins, a toucar primaveras, etc.

Outro aspecto dominante são as «proporções» entre as frases, que podem ser simétricas ou contrastantes. É o chamado estilo em xadrez:

> Se de uma parte está *branco,* da outra há-de estar *negro;* se de uma parte está *dia,* da outra há-de estar *noite;* se de uma parte dizem *luz,* da outra hão-de dizer *sombra;* se de uma parte dizem *desceu,* da outra vão dizer *subiu.*

O jogo do escritor engenhoso consistia em obter, como diz Gracián, uma correspondência entre dois *extremos,* ou palavras significativas, correspondência que podia ser de analogia ou de contraste.

Francisco Rodrigues Lobo (c. 1580-1621), imitador de Camões, cultivou o estilo engenhoso nos seus «romances» pastoris em castelhano, género então muito em voga. Mas na *Corte da Aldeia* (1619) assume um papel de teorizador muito mais moderado do que o citado Baltasar Gracián, admirador, aliás, desta obra. Os dezasseis diálogos doutrinais, em que se tratam vários temas, desde as fórmulas de tratamento até à maneira decente de referir as pernas das senhoras, travam-se entre interlocutores que parecem constituir uma academia literária ainda não institucionalizada.

Merece ser referido, como um dos mais notáveis escritores «engenhosos», Tomé Pinheiro da Veiga (c. 1570-1656), autor de *Fastiginia [sic]*, um diário-carta de uma viagem à corte de Filipe III, em Valhadolid, que é um dos melhores depoimentos antropológicos sobre os Portugueses, e também de alguns textos de ficção reunidos sob o título de *Novelas*. É um dos raros humoristas portugueses e um prosador cheio de surpresas e «achados». Os compatriotas do autor aparecem descritos, tal como os vêem as damas castelhanas, como tacanhos, bisonhos, saloios e merecedores de que as mulheres lhes ponham «cornos». Traça vigorosamente o contraste entre a melancolia saudosista portuguesa e a alegria castelhana. «Andam os Portugueses à caça de uma melancolia, e sonham os Castelhanos de noite como poderão levar um bom dia.» As sessões privadas em que as damas contam «anedotas de português» ainda hoje provocam o riso.

Outra obra assinalável da prosa desta época é a *Arte de Furtar*, de autor mal identificado. Trata-se de uma sátira, visando a corrupção em todos os escalões da sociedade. O seu carácter engenhoso está patente nos títulos dos seus capítulos: *unhas pacíficas, unhas militares, unhas temidas, unhas tímidas, unhas disfarçadas, unhas maliciosas, unhas descuidadas, unhas sábias, unhas ignorantes,* etc. A obra foi semiclandestina, embora dedicada ao rei D. João IV (datada de Amsterdão, 1652, mas realmente impressa em Lisboa) e, para aumentar o seu escândalo, atribuída ao P.ᵉ António Vieira.

Pela vastidão e predicados da obra, este e D. Francisco Manuel de Melo são os dois grandes escritores da época. Encontraram-se na corte de Lisboa, a corte do recém--proclamado D. João IV, nascidos no mesmo ano (1608), vindos de dois pólos e de dois mundos culturais muito dissemelhantes: António Vieira, clérigo educado na Baía, a mais remota província portuguesa e a mais inculta, nessa época, de família modesta, e D. Francisco Manuel de Melo, vindo de Madrid, a mais requintada corte do mundo hispânico. Um tinha uma cultura de clérigo medieval, a que nessa época e lugar os jesuítas podiam dispensar nas suas aulas de formação missionária; outro, as artes e maneiras cortesãs com que se formava um fidalgo de alta linhagem.

O P.ᵉ António Vieira

O P.ᵉ António Vieira prega ao modo tradicional, como já pregava Santo António de Lisboa, no século XIII. O sermão consistia em interpretar o texto sagrado citado à cabeça do sermão. Segundo a exegética tradicional, o texto tinha quatro sentidos: o sentido literal ou histórico, o sentido alegórico (era uma maneira velada de manifestar uma verdade da fé), o sentido moral (era um ensinamento sobre a maneira de se comportar na vida), o sentido anagógico, relativo à outra vida. Este tipo de exegese era um óptimo pretexto para o exercício do engenho ou agudeza. Por este lado, a imaginação é sempre admirável e portadora de ensino, político, económico, religioso, etc., embora hoje nos pareça que o texto bíblico é forçado e arrastado pelos cabelos para levar à conclusão pretendida pelo autor.

Ainda hoje a leitura dos sermões nos torna presente o autor e actor de um monólogo dramático, cheio de vigor e que surpreende a cada passo pelas respostas paradoxais que dá às perguntas que ele próprio faz ao texto pregado e a si mesmo. A arte de interpretar o texto bíblico exige um conhecimento das palavras, sua etimologia e seus múltiplos sentidos, tanto em português como em latim. Por exemplo, a palavra *cadere* (cair), que se encontra na parábola do semeador, dá origem a três palavras no português: *queda, cadência* e *caso:*

> Para o sermão vir nacendo há-de ter três modos de cair: há-de cair com queda, há-de cair com cadência, há-de cair com caso. A queda é para as cousas porque hão-de vir bem trazidas, e em lugar: hão-de ter «queda». A cadência é para as palavras porque não hão-de ser escabrosas nem dissonantes; hão-de ter «cadência». O caso é para a disposição, porque há-de ser tão natural e tão desafectada que pareça «caso» e não estudo.

Esta atenção cuidadosa ao ser das palavras contribui certamente para uma das virtudes da eloquência do P.[e] António Vieira, a chamada «propriedade», ou a arte de encontrar as palavras mais próprias para o que se quer significar. Um exemplo:

> Arranca o estatuário uma pedra dessas nas montanhas tosca, bruta, dura, informe; e depois que desbastou o mais grosso toma o maço e o cinzel na mão e começa a formar um homem, primeiro membro a membro e depois feição por feição, até à mais miúda. Ondeia-lhe os cabelos, alisa-lhe a testa, rasga-lhe os olhos, afila-lhe o nariz, abre-lhe a boca, avulta-lhe as faces, torneia-lhe o pescoço, estende-lhe os braços, espalma-lhe as mãos, divide-lhe os dedos, lança-lhe os vestidos. Aqui desprega, ali arruga, acolá recama. E fica um homem perfeito, talvez um santo que se pode pôr no altar.

O comentador da Bíblia é o comentador da palavra de Deus. Mas a Natureza também é uma forma de Deus se manifestar. Por isso também ela dá ensinamento com a palavra de Deus:

> Como hão-de ser as palavras? Como as estrelas. As estrelas são muito distintas e muito claras [...] E nem por isso temais que pareça o estilo baixo: as estrelas são muito distintas e muito claras e altíssimas.

Por estes métodos verbais tratou Vieira os problemas portugueses mais prementes do seu tempo, que é o tempo da guerra da independência. Para ele as palavras não eram um instrumento para descobrir uma verdade ao entendimento, mas para motivar a vontade numa acção. A mais famosa criação da sua imaginação é a teoria do quinto império do mundo, sob a égide do rei de Portugal, quinto império que seria inaugurado com a segunda vinda de Cristo à Terra e com a chegada do messias dos judeus: «O qual seria D. João IV, a quem estava perfeitamente destinado derrotar definitivamente os Turcos e reconduzir os judeus dispersos no mundo à sua terra de origem, a Palestina.» O ponto de partida desta construção eram as trovas do Bandarra, um sapateiro de Trancoso contemporâneo de Gil Vicente. Mas já a *Crónica do Imperador Clarimundo,* de João de Barros, apontava, como vimos, para uma monarquia universal portuguesa. O quinto império tem a ver com a crença na missão providencial dos Portugueses (equivalente à dos Hebreus no seu tempo):

> Nascer pequeno e morrer grande é chegar a ser homem. Por isso nos deu Deus tão pouca terra para o nascimento e tantas para a sepultura. Para nascer pouca terra, para morrer toda a terra. Para nascer Portugal, para morrer o mundo.

A doutrina do quinto império, tal como é tratada por Vieira, especialmente na sua obra incompleta *História do*

Futuro, tem um lado prático: obter o regresso a Portugal dos judeus fugidos e seus capitais. As circunstâncias da conjuntura portuguesa, assim como a situação dos índios no Brasil, foram por ele descritas com saliência e realidade em várias cartas e relatórios.

A imaginação verbal, e o estilo de pensar, com os seus paradoxos, aproximam o P.ᵉ Vieira de Fernando Pessoa; este chamou ao seu mestre «imperador da língua portuguesa».

D. Francisco Manuel de Melo

D. Francisco Manuel de Melo é um homem disperso em múltiplas actividades e com tais e tão variados dotes que por isso mesmo não se realizou plenamente. Apesar de uma vida de acção intensa, como militar, diplomata e mundano, com projectos organizativos literários e participação em academias, deixou uma obra vastíssima em português e em castelhano, repartida por todos ou quase todos os géneros cultivados na época, até agora só parcialmente publicados. Com razão disse de si mesmo:

Quantas horas vivo como escrevo.

Esta experiência variada não passa para as suas páginas de maneira concreta, confessional e imediata. Mas é filtrada por uma certa imagem mundana que o autor quer deixar de si e pelo discurso engenhoso com uma componente de humorismo discreto. Os anos de prisão em Portugal inspiraram-lhe um soneto descritivo do seu triste calabouço em que conclui:

Sem amor, sem amigo, sem parente,
Quem mais se dói de vós diz: «Coitadinho!»
Tal vida levo. Santa prol me faça.

E, tendo passado três anos desterrado na Baía, refere as impressões da terra numa breve frase lapidar:

Paraíso de mulatos, purgatório de brancos, inferno de negros.

Deixou centenas de *Cartas Familiares,* as quais, segundo ele diz:

[...] as mais foram escritas com sangue, enxutas com lágrimas, dobradas com singeleza, seladas pela desgraça, levadas pela mofina.

E é evidente, já pelo estilo engenhoso desta frase, que as referidas cartas se distanciam da experiência vivida para compor com ela uma imagem do autor.

Como historiador, compôs em castelhano a *Historia de los movimientos y separación de Cataña,* de que foi participante, e em português as *Epanáforas* (entre outras obras incompletas). D. Francisco resume muito bem o dilema do historiador, dizendo de Tácito (o historiador romano):

Neste autor, como nos mais historiadores, não serve o discurso ao caso, antes o caso serve ao discurso, sendo contado como acaso tudo o que se conta.

(Significando *caso* o acontecimento e *discurso* as considerações sobre causas, lógica, consequências dos acontecimentos, além das sentenças morais.)

Das *Epanáforas* saliente-se a *Epanáfora Política,* sobre as altercações de Évora de 1637, que é um clarividente estudo político sobre o comportamento dos diversos grupos que se manifestaram no referido movimento, e a *Epanáfora Amorosa,* sobre o descobrimento da Madeira por um casal de amantes inglês, com uma digressão sobre a «Teórica das Saudades».

As suas poesias são em parte castelhanas, em parte portuguesas, ao gosto gongórico. Segundo as suas próprias palavras, a poesia é «lição própria de mancebos, damas e ociosos». Mas nem sempre obedeceu a esta norma. Também escreveu nas duas línguas tratados morais, o mais célebre dos quais é a *Carta de Guia de Casados,* muito apreciada em Portugal, porque é a expressão mais completa de um certo modelo português de vida conjugal.

Nos *Apólogos Dialogais* o autor trata de diversas matérias, como a economia social *(Escritório Avarento),* onde defende a circulação do dinheiro:

> Se os ricos gastassem e os pobres merecessem, brevemente todos viriam a conseguir, sobre o cómodo, a igualdade.

ou como o *Hospital das Letras,* uma revisão crítica da literatura hispânica em forma de diálogo.

Entre outras obras salientemos o *Tratado da Ciência Cabala,* que tem curiosas páginas sobre a expressividade e «virtude» dos fonemas, afastando-se da teoria do significante arbitrário ou convencional que tem prevalecido desde a escolástica medieval até Saussure.

D. Francisco ainda teve tempo para dar a sua contribuição ao teatro com *O Fidalgo Aprendiz,* ao gosto vicentino, mas com personagens suas contemporâneas.

A lírica sob o signo de Gôngora

Um poeta espanhol, andaluz, Luís de Gôngora, soubera servir-se do engenho ou agudeza para a descoberta de analogias ocultas entre os objectos reais ou entre estes e as ideias abstractas e, seleccionando certas percepções, tais como o brilho de jóias e cristais, plumagens de aves, flores raras, soubera, pelo processo da analogia, criar mundos artificiais e autónomos.

O poeta gongórico é comparável ao alquimista: procura extrair do mundo real uma natureza supranatural, imaterial e arbitrária.

Os poetas portugueses do final da época barroca estão sob a influência absorvente de Gôngora, mas nenhum destes imitadores ombreia com o mestre. Um bom exemplo deste processo de transposição é o soneto em que os movimentos de um cavalo são sinestesicamente transpostos em termos musicais. Como é de prever, nenhum grande acontecimento ou problema, como nenhum grande sentimento, encontra eco nos cancioneiros barrocos. Tanto mais engenhoso se mostrava o poeta quanto mais insignificante fosse o pretexto da sua exibição de conceitos ou imagens. Assim, um poeta quis mostrar o seu talento em loas ao Menino Jesus empregando exclusivamente imagens e metáforas da doçaria; há versos a *F. picando-se com uma rosa*, a *um javali morto pela sereníssima infanta de Portugal*, ou a *uma menina junto de cujos olhos voa uma borboleta*. Esta estilização emparelha com certas sátiras grosseiríssimas. Muitos poetas parecem atingidos por um sentimento de desencanto e decadência.

Tal como Garcia de Resende fizera no século XVI, as composições poéticas das cortes de D. Pedro II e D. João V foram compiladas em duas grandes colecções: intitula-se a primeira *Fénix Renascida, ou Obras Poéticas dos Melhores Engenhos Portugueses* (1715-1728, 5 vols.); a segunda, *Ecos Que o Clarim da Fama Dá – Postilhão de Apolo, Montado no Pégaso, Girando o Universo, para Divulgar ao Orbe Literário as Peregrinas Flores da Poesia Portuguesa, com Que Vistosamente Se Esmaltam os Jardins das Musas do Parnaso – Academia Universal em Que Se Re-*

colhem os Cristais mais Puros Que os Famigerados Engenhos Lusitanos Beberam nas Fontes de Hipocrene, Helicona e Aganipe (1761-1762, 2 vols.).

O teatro de António José da Silva

Depois da Restauração, a única tentativa de vulto para reatar uma tradição dramática nacional é o *Auto do Fidalgo Aprendiz*, de D. Francisco Manuel de Melo, de que já falámos, tentativa que não teve sequência.

O teatro de «bonifrates», ou bonecos de cortiça pintada articulados com arame, é uma adaptação para um público popular de duas tradições: a da ópera aristocrática e a da comédia espanhola de capa e espada. Com este material, António José da Silva, nascido no Rio de Janeiro em 1705, criou um novo tipo de teatro. A Inquisição condenou-o à morte em 1739 por judaísmo e por isso ele ficou conhecido por «o Judeu». Mas as peças do processo mostram que António José da Silva nunca praticou o judaísmo e que a sentença de morte foi arbitrária e maldosa. Nas suas peças, em que se desenrola uma movimentada intriga, intercalada de algumas árias e minuetes cantados, a poesia barroca acotovela-se com a sátira das convenções aristocráticas e cortesanescas, segundo o espírito que já encontrámos em Gil Vicente. Em *Guerras do Alecrim e Manjerona* satiriza os fidalgos pretensiosos que galanteiam as primas aperaltadas no rebuscado estilo gongórico enquanto de caminho apalpam os braços roliços das criadas. Nesta peça, *Anfitrião,* na *Esopaida* e na *Vida do Grande D. Quixote de la Mancha* (adaptação teatral da obra de Cervantes) o autor visa, entre outras instituições, a mentalidade escolástica e, de maneira muito velada, a própria Inquisição, que, por isso, o condenou.

Os poetas brasileiros

Entre os poetas engenhosos do século XVII contam-se os que nasceram ou foram criados nas várias cidades brasileiras, alguns dos quais tiraram graus académicos em Coimbra. Há alguma coisa de implícita ou explicitamente brasileiro nos poemas que nos deixaram. Gregório de Matos (1633-1696), formado em Coimbra, advogado em Lisboa, funcionário da Catedral da Baía, deixou-nos este soneto satírico sobre a fidalguia do Brasil:

> *Há cousa como ver um Pairiá*
> *mui prezado de ser um Caramurú*
> *descendente do sangue de Tatú*
> *cujo torpe idioma é cobé pá.*
>
> *A linha feminina é Carimá*
> *Moqueca, quititinga, caruru*
> *Mingau de puba, vinho de cajú*
> *Pisado num pilão de Pirajú.*
>
> *A masculina é aricobé*
> *cuja filha Cobé c'um branco Paí*
> *dormiu no promontório de Pacé.*
>
> *O branco era um marau que veio aqui*
> *Ela era uma judia de Maré*
> *Cobé pá, aricobé, cobé paí.*

É ele o autor da célebre quadra que manifesta, ainda em pleno século XVII, um sentimento local independentista:

> *Que os Brasileiros são bestas*
> *e estão sempre a trabalhar*
> *toda a vida por manter*
> *Maganos de Portugal.*

Os poetas brasileiros trouxeram para Portugal um veio próprio do Brasil. Exemplo disso é Domingos Caldas Barbosa, nascido no Rio de Janeiro, que presidiu em Lisboa à Nova Arcárdia, onde tinha o nome de Lereno, que animou muitas reuniões mundanas e literárias com a sua viola, os seus lunduns e modinhas e os versos pronunciados «à brasileira», que se tornaram extraordinariamente populares tanto em Portugal como no Brasil:

> *Ah nhanhá, venha escutar*
> *amor puro e verdadeiro*
> *com preguiçosa doçura*
> *que é amor de brasileiro.*

De maneira geral, os poetas «brasileiros» do século XVII escapam, pela sua autenticidade satírica ou sentimental, aos artifícios do discurso engenhoso, à excepção de Manuel Botelho de Oliveira, baiano (1636-1711), cuja formação é patente no facto de ter composto rimas em português, em castelhano, em italiano e em latim. Aliás, o gosto do jogo verbal (ainda hoje característico do discurso brasileiro) teve o seu grande mestre, que ambas as literaturas reclamam como seu: o P.e António Vieira, nascido em Lisboa, mas criado e educado desde os 6 aos 30 anos na Baía.

Os chamados «poetas mineiros», alguns dos quais relacionados com a revolta do Tiradentes, como Cláudio Manuel da Costa, Silva Alvarenga, Alvarenga Peixoto e o português Tomás António Gonzaga, pertencem já a outra fase literária, a arcádia ou mesmo pré-romântica.

7

A viragem arcádica

A retórica não é mais do que «a perspectiva da razão». E a poesia não era mais do que um ramo da retórica. Este é o ponto de vista expresso por Luís António Verney no seu célebre e polémico *Verdadeiro Método de Estudar* (1746). Equivale a não reconhecer o que é específico e essencial da poesia, e por isso o próprio Verney criticou e condenou, em nome da lógica e da veracidade, um poeta como Camões e um escritor como o P.ᵉ António Vieira, além de todos os outros da geração precedente.

A Arcádia Lusitana

O marquês de Pombal, que executou algumas das reformas propostas por Verney, protegeu a formação da Arcádia Lusitana.

Era mais uma academia segundo o modelo formal que vinha já do século anterior, mas tinha propósitos radicalmente reformadores. Foi constituída poucos meses depois do terramoto de 1755, em Lisboa, por três jovens bacharéis em Direito, Cruz e Silva, Esteves Negrão e Gomes de Carvalho. O nome lembra a Arcádia grega, país dos pastores, e os respectivos sócios têm de adoptar pseudónimos literários de formação greco-latina, como Elpino Nonacriense (Cruz e Silva), ou Córidon Erimanteu (Correia Garção). A sede é designada pelo nome de Monte Ménalo. A imitação dos modelos gregos e latinos era, com efeito, a principal receita com que se pretendia reformar a poesia portuguesa. Nos modelos da antiguidade encontravam os árcades o senso das proporções, da sobriedade, da exactidão, que podiam servir de antídoto contra a luxuriante fantasia do gongorismo. O lema da associação era «corta tudo o que for inútil» *(inutilia truncat)*.

Nas reuniões, onde se dissertava sobre a arte poética e oratória, os árcades partiam do conceito aristotélico da arte-imitação-da-Natureza e da ideia clássica de que não há beleza fora da verdade, não sendo a poesia mais do que a maneira de imprimir a verdade na imaginação. Um dos árcades, Francisco José Freire, padre oratoriano, preconizou a abolição da mitologia. Defendiam alguns árcades também a abolição da rima, que pode obrigar a torcer o pensamento, ou pelo menos dificulta a sua expressão.

O verso branco (sem rima), inaugurado em Portugal por António Ferreira, foi por eles muito cultivado. Acreditavam, por outro lado, na função social da literatura e fizeram grandes esforços para criar um teatro nacional.

Além dos modelos greco-latinos, os árcades inspiravam-se nos franceses do século XVII — Corneille, Racine, Boileau, Voltaire, etc. — e dentro da poesia portuguesa pretendiam reatar a tradição clássica quinhentista.

A esta volumosa actividade crítica e doutrinária corresponde uma fraca obra criadora, hoje quase inteiramente morta.

Os poetas arcádicos oscilam entre um convencionalismo solene apropriado à pompa do absolutismo monárquico, que tentava revestir-se da grandeza imperial romana, e, por outro lado, o realismo do quotidiano burguês, o prosaísmo, a desmistificação do lirismo tradicional. Do absolutismo monárquico conservavam estes poetas — quase todos funcionários da Administração — a pompa; do iluminismo, que quase todos professavam, o seu racionalismo antibarroco e antiescolástico; da sua origem plebeia, o gosto descritivo de certos ambientes concretos e certos temas da vida quotidiana. Para eles, a mitologia greco-latina era apenas um revestimento convencional de um manequim racionalista e positivista.

Assim, Correia Garção (1724-1772), ao mesmo tempo que exibe na *Cantata de Dido,* imitada de Virgílio, os mármores monumentais onde ressoam os gritos da apaixonada rainha, vai cantar os seus dias e as suas noites prosaicas na sua quinta da Fonte Santa, descrevendo realisticamente os convivas das suas partidas de *whist* e das ceias de chá com torradas. O desconforto da habitação, os filhos mal enroupados, os barulhos da rua, os credores, entram nos seus versos:

> *O louro chá no lume fumegando*
> *De mandarins e brâmanes cercado*
> *Brilhante açúcar em torrões cortado*
> *O leite na caneca branquejando,*
>
> *Vermelhas brasas alvo pão tostando*
> *Ruiva manteiga em prato mui lavado*
> ....

Pela primeira vez há em Portugal uma poesia do quotidiano.

Mas, por outro lado, Domingos dos Reis Quita (1728-1770), cabeleireiro e filho de um comerciante no Brasil, revela a persistência de um lirismo bucólico, expresso numa musicalidade fluente.

O campo de eleição para este realismo burguês (envolto ainda em roupagens palacianas) é naturalmente a sátira. A mais importante obra literária do grupos dos árcades é um poema herói-cómico, *O Hissope*, de António Dinis da Cruz e Silva (1731-1799), magistrado, de origem popular. Dentro deste poema, que teve grande popularidade, o autor, a pretexto de uma intriga entre o bispo e o deão da cidade de Elvas, ridiculariza a mentalidade escolástica, o verso gongórico e a exterioridade faustosa da sociedade aristocrática.

No género criado em Portugal por Cruz e Silva o poeta «mineiro» Francisco de Melo Franco, quando estudante na Universidade de Coimbra (1785), satirizou os lentes universitários no *Reino da Estupidez*.

Tentativas persistentes para a criação de um repertório nacional de teatro tiveram fraco sucesso. A sátira da aristocracia fidalga e dos seus valores inspira várias comédias, como *O Falso Heroísmo*, de Cruz e Silva, e a *Assembleia ou Partida*, de Correia Garção, onde se encontra a citada *Cantata de Dido*. Traduziram-se obras de Molière, Addison, Racine; adaptaram-se ou imitaram-se tragédias gregas. Domingos dos Reis Quita compôs uma *Castro*, muito inferior à do seu modelo António Ferreira.

Apesar de não terem deixado uma única obra, a não ser *O Hissope*, que mereça hoje ser lida, os árcades tiveram um papel muito importante na evolução literária portuguesa; liquidaram de facto o gongorismo, aproximaram a poesia da realidade quotidiana, criaram uma nova linguagem poética, trouxeram à poesia uma temática inteiramente nova. A sua acção vai fazer-se sentir nos poetas do fim do século e ainda nos primeiros do romantismo, especialmente nos poetas brasileiros de Minas Gerais.

A actividade da Arcádia Lusitana foi breve, mas teve um efeito profundo e duradouro. Provocou imitações em diversos pontos do reino e no Brasil. Provavelmente porque vinha ao encontro de um gosto novo e menos sofisticado. A crítica da poesia engenhosa, sistematicamente empreendida pelos árcades, liberta os poetas de um espartilho que eles já suportavam mal e abre o caminho para o romantismo. Na plêiade das arcádias que alargaram e prolongaram a Lusitana contam-se a Arcádia Portuense e os poetas mineiros.

Os «poetas mineiros»

Os «poetas mineiros» assim chamados mostram-se animados do espírito arcádico, quer militem, quer não, em acordo com a Arcádia Lusitana. Já falámos de Francisco Melo Franco, o autor do *Reino da Estupidez.* Caracterizam-se, em geral, pela adesão ao espírito das luzes, o que teve dois efeitos contraditórios: um, o servirem a política do marquês de Pombal; outro, o de combaterem a política centralista e colonialista da corte portuguesa. Tanto o *Uruguai,* de José Basílio da Gama (1769), como o *Caramurú,* de Santa-Rita Durão (1781), poemas heróicos na linha d'*Os Lusíadas,* revelam, ao mesmo tempo que uma repulsa da política indiana dos jesuítas, reprimida pelo marquês, uma vontade de enraizamento e de criação de uma pátria americana. Por isso, como Cláudio Manuel da Costa e Alvarenga Peixoto, se viram envolvidos no *processo da inconfidência,* juntamente com Tomás António Gonzaga, nascido e criado em Portugal.

Filinto Elísio

Talvez possa considerar-se este robusto plebeu, filho natural de um fragateiro e de uma varina (1734-1819), que fez estudos para padre, como o último legítimo árcade, apesar de dissidente da Arcádia Lusitana. Frequentou a roda literária da marquesa de Alorna, casada com um conde alemão. Foi um dos fautores da «guerra dos poetas», do lado do chamado «grupo da Ribeira das Naus». Perseguido pela Inquisição, teve de fugir de Lisboa e refugiou-se em França.

Nas suas epístolas, odes e epigramas Filinto ocupa-se largamente de teoria literária. Segundo ele, só é bom em verso aquilo que também o seria em prosa, e o talento do poeta consiste no sábio lavor da língua, no conhecimento profundo do vocabulário, na «valentia», isto é, na propriedade, expressividade e relevo dos termos empregados, os quais, por outro lado, ele queria autenticamente portugueses, arcaicos até, se preciso.

É o autor do seguinte epitáfio:

Aqui jaz Fulano. Foi pouca cousa.
Cansado de mandriar, aqui repousa.

Como em poucos autores portugueses, perpassam nos versos laboriosos, mas por vezes certeiros, de Filinto o prosaísmo, a solidão e o trágico da vida quotidiana e também a resistência à adversidade e o combate à opressão da liberdade.

8

O pré-romantismo

O romantismo nasceu, dentro da Arcádia e seus satélites, da busca de uma linguagem directa para o quotidiano e para o natural.

Pertenceu à Arcádia Portuense Paulino António Cabral (1719–1789), abade de Jazente, cuja poesia é uma espécie de diário rimado de uma experiência exaltada e atribulada, especialmente do ponto de vista erótico, mas também social e satírico, no Porto do século XVIII. É uma poesia de forma descritiva e «prosaica» em que o próprio autor se toma como objecto de comiseração e ironia.

O carioca Domingos Caldas Barbosa, que adoptou o nome arcádico de Lereno (c. 1738-1800), foi animador do grupo chamado Nova Arcádia, com sede em Lisboa, criado em 1790, a que pertenceram Bocage e José Agostinho de Macedo. Não se pode imaginar poeta mais diferente do tipo de árcade encarnado por Filinto Elísio. Os seus versos são comandados pela música e estão reunidos num volume intitulado significativamente *Viola de Lereno*. Trouxe para Lisboa as modinhas brasileiras, e os seus versos parecem letra para música de dança:

> *Uns olhos assim voltados*
> *Cabeça inclinada assim*
> *Os passinhos assim dados*
> *Que vêm entender com mim*
>
> ....
>
> *Um lavar em seco a roupa*
> *Um saltinho cai-não-cai,*
> *O coração brasileiro*
> *A seus pés caindo vai.*
>
> *Ai esperanças!*
> *É nas chulices di lá*
> *Mas é de cá nas mudanças.*

Outro «brasileiro», mas este nascido, criado e formado em Portugal, que foi para Ouro Preto continuar uma carreira iniciada em Beja, foi Tomás António Gonzaga (1744-1810), implicado no processo da «inconfidência mineira».

Gonzaga canta os seus amores com a senhora com quem pretende fazer ninho, ter serões calmos de estudioso e gozar uma velhice confortável — todo um conjunto de sentimentos que nos deixam a imensa distância da galantaria aristocrática e até do convencionalismo arcádico. Por outro lado, procura no ambiente em que vive, na paisagem dos negros que arrancam o ouro das minas e o joeiram, dos matos queimados pelos arroteadores da terra, do preparo do tabaco, da cana-de-
-açúcar, imagens para exprimir os seus sentimentos ou embelezar o verso.

A *Marília de Dirceu* foi um dos livros mais editados em Portugal e no Brasil e mais lidos pelos adolescentes em idade núbil, talvez porque canta em verso os mesmos sentimentos que Júlio Dinis mais tarde narrará em prosa.

Nicolau Tolentino

Nicolau Tolentino de Almeida (1740-1811) parece um continuador do abade de Jazente pela objectividade e pela ironia. Foi professor de Retórica nas escolas régias de criação pombalina, depois oficial de secretaria. A sua auto-ironia aplica-se não só à sua pessoa, como também ao seu grupo social. É um poeta da classe média. Na obra de Tolentino vemos o botequim onde se joga o bilhar ou as cartas, onde um poeta recita as suas composições para os companheiros de mesa; os rapazes peralvilhos e ociosos, de elegância barata; as moças que se enfeitam extravagantemente; os chás ao serão, refervidos sete vezes, onde as *toilettes* são pretensiosas e pelintras; as modinhas brasileiras; as discussões à esquina da rua sobre os acontecimentos mundiais — toda uma sociedade onde se move o poeta, que afecta desdenhá-la enquanto mendiga a protecção do senhor fidalgo. Ninguém nos descreve como Tolentino o ambiente em que foi possível a poesia e a boémia de um Bocage condicionado por um público muito diferente do cortesão. A par disto, não deixa de nos impressionar nele o acento humanista do iluminismo, flagrante na sátira *A Guerra*. Soube utilizar a velha versificação hispânica — a redondilha, a quadra e a quintilha —, assim como o soneto e as oitavas.

Tolentino, que desenvolveu o sentido do quotidiano e do concreto inaugurado pelos árcades, sabe dar com subtileza e inesperado, numa linguagem chã e precisa, o contraste entre os sentimentos guindados e convencionais e a realidade às vezes sórdida que eles recobrem. Tem, por outro lado, a arte de demonstrar o disparate de uma ideia desenvolvendo impassivamente as suas consequências até ao absurdo, como quando na sátira citada finge fazer o elogio da guerra. Pelo gosto das sentenças e pelo recurso ao senso comum, lembra Sá de Miranda.

Há como que uma impossível ironia voltairiana em muitos dos seus versos doutrinários. Na sátira sobre a guerra, depois de apresentar a opinião espalhada de que a paz traz consigo o luxo, a ociosidade e a decadência, prossegue desenvolvendo as consequências do paradoxo:

> *Deixa pois haver queixumes*
> *Metam-se armadas no fundo,*
> *Acenda a guerra os seus lumes,*
> *Que assim tornará ao mundo*
> *A inocência dos costumes.*
>
> *A intacta fé, a verdade*
> *Venham com as baterias.*
> *Desça do céu a amizade*
> *E torne a dourar os dias*
> *De Saturno a antiga idade.*

José Anastácio da Cunha

Ninguém foi tão longe na expressão directa como o Dr. José Anastácio da Cunha (1744-1787), lente de Matemática, condenado pela Inquisição, nos poemas em que canta o seu amor por uma camponesa. Todas as ficções construídas em volta do amor desde as provençais, tendentes a idealizar a mulher, são anuladas na onda em que os dois amantes se dão reciprocamente, sentindo-se ao mesmo tempo iguais e identificados. O poema *O Abraço*, em que este sentimento se exprime de forma intensa e frenética, permanece como uma das peças mais notáveis da lírica amorosa portuguesa. Só com as *Folhas Caídas* se voltará a encontrar de novo uma poesia tão ardentemente confessional:

> *Oh mais, mais do que unidos. Tu fizeste,*
> *Doce encanto, que eu fosse mais que teu.*
> *Lembra, lembra-te quando me disseste:*
> *– Meu bem, eu não sou tu?... tu não és eu?*

Anastácio da Cunha teve muitas oportunidades de contactar com estrangeiros e era um bom conhecedor da poesia inglesa. Foi, assim, um veículo de correntes precursoras do romantismo englobadas na expressão *pré-romantismo*.

Bocage

Manuel Maria Barbosa du Bocage (1765-1805), que foi membro da Nova Arcádia, com Domingos Caldas e José Agostinho de Macedo, entre outros, teve uma vida aventurosa e inquieta, que ele próprio comparou com a de Camões:

> *Camões, grande Camões, quão semelhante*
> *Acho meu fado ao teu quando os cotejo!*
> *Igual causa nos fez, perdendo o Tejo*
> *Arrostar co sacrílego gigante.*
>
> *Como tu, junto ao Ganges sussurrante*
> *Da penúria cruel no horror me vejo,*
> *Como tu, gostos vãos, que em vão desejo*
> *Também carpindo estou, saudoso amante.*

Ludíbrio como tu da sorte dura,
Meu fim demandando ao Céu pela certeza
De que só terei paz na sepultura.

Modelo meu tu és, mas ó tristeza,
Se te imito nos transes da Ventura,
Não te imito nos dons da Natureza.

O que Bocage admirava em Camões era o lado «romântico» *(avant la lettre)* da sua vida e da sua obra, tal como Garrett, no seu poema *Camões,* o seu lado individualista e inconformista. Quanto ao talento («dons da Natureza»), é indubitável que Bocage foi talvez o autor dos melhores sonetos da língua portuguesa depois do seu modelo, mas Camões tinha uma mente mais profunda e vasta. Bocage está demasiado aprisionado no seu próprio «eu», demasiado ocupado com as suas paixões. Consagrou não pouco talento a pintar o seu auto-retrato exterior:

Magro, de olhos azuis, carão moreno,
Bem servido de pés, meão n'altura,
Triste de facha, o mesmo de figura,
Nariz alto no meio, e não pequeno.

Bocage foi grande repentista e improvisador em assembleias, o que correspondia a algo de tribunício e demagógico que marcou a sua poesia. E tornou-se efectivamente o autor mais popular e mais lembrado em Portugal até hoje, talvez por uma certa facilidade de verso e por uma certa vulgaridade de situações em que se apresenta. Estas qualidades, todavia, não se aplicam a uma parte da sua obra, mais disciplinada dentro dos moldes arcádicos. Foi, provavelmente, esta parte que mereceu o elogio de Filinto Elísio, de que se mostra ufano:

> *O imortal corifeu dos cisnes lusos*
> *Na voz da lira eterna alçou meu nome.*

A ideia da morte, que sentiu chegar (morreu tuberculoso), tem acentos patéticos nos versos de Bocage, tanto mais que ela vem associada aos remorsos de uma vida que o levara à prisão:

> *Deus... ó Deus, quando a morte à luz me roube,*
> *Ganhe um momento o que perderam anos,*
> *Saiba morrer o que viver não soube!*

Entre o entusiasmo e o terror, assim viveu este poeta, que tinha a sensibilidade à flor da pele. Num dia saúda a Revolução Francesa, que tarda em dissipar «o despotismo feroz que nos devora», noutro dia chora o assassinato legal de Maria Antonieta e culpa por isso o «século horrendo, nefando», em que vive.

Os românticos consideraram-no seu precursor e Herculano resumiu, provavelmente, um juízo colectivo quando escreveu que Bocage trouxe a poesia dos salões para a praça pública.

9
Os primeiros românticos

O romantismo português é normalmente associado à revolução liberal que se consumou em 1834. Essa revolução representa um corte com a tradição, pois não somente confiscou os bens da nobreza, mas, mais importante ainda, os da Igreja, e aboliu as ordens religiosas. O clero tinha fornecido até então os principais promotores da vida cultural: animavam as procissões, pronunciavam os sermões e eram os principais mestres das escolas, condutores das almas nas paróquias.

Foi preciso criar uma nova literatura, com novas formas e novos temas, para uma sociedade que se tornou laica. Foi preciso, acima de tudo, inventar um substituto para o sagrado, que enchera até então o espaço da invenção literária e artística de modo geral. Esta tarefa estava, aliás, facilitada pelos árcades e pelos pré-românticos.

Os românticos da primeira geração estavam ainda muito ligados aos árcades, como Garrett (nascido em

1799) e mesmo Herculano, que se iniciara em leituras inglesas e alemãs nos salões da marquesa de Alorna. Mas ambos conheceram *in loco* o novo gosto literário, porque foram forçados a emigrar para a Inglaterra, como refugiados políticos. Mas pertenceu também à primeira geração romântica um escritor que nunca saiu de Portugal, António Feliciano de Castilho (1800-1875), mas que procurou mostrar-se ao corrente da moda romântica em obras como *A Noite do Castelo* (1836), de cenário afectadamente medieval. Teófilo Braga teve razão em lhe chamar um «árcade póstumo».

Garrett

Grande admirador de Filinto, com uma educação literária arcádica apurada, Garrett comentou com odes arcádicas a revolução de 1820. Ela inspirou-lhe também, antes da primeira emigração do autor, em 1823, uma tragédia clássica intitulada *Catão,* inspirada no italiano Alfieri. A representação teve em Lisboa grande sucesso, que se repetiu junto dos refugiados portugueses de Plymouth, aquando da segunda emigração do autor (1828). É uma obra de conteúdo político.

Em 1825, no *Camões,* poema narrativo em verso branco (não rimado), canta as amarguras e a saudade do exílio, que eram as suas e as do próprio Camões. Costuma datar-se deste ano o romantismo português, mas na realidade ele é, formalmente, um poema arcádico. O tema de Camões, incompreendido pela sociedade e perseguido pelo destino, já interessara Bocage, como vimos. Algumas paisagens de longe ou nevoentas podem considerar-se uma marca do romantismo inglês.

100

Do mesmo ano, outro poema em verso branco, *D. Branca,* anuncia formalmente o propósito de abandonar o estilo clássico:

> *Áureos numes de Ascreu, ficções risonhas*
> *Da culta Grécia amável, crença linda*
>
> ....
>
> *Gentil religião, teu culto abjuro*
> *Tuas aras profanas renuncio*
> *Professei outra fé, sigo outro rito.*

O assunto do poema é tirado da *Crónica de D. Afonso III,* de Duarte Nunes de Leão, versa a conquista do Algarve aos mouros; pretende tirar partido do exótico islâmico, das feitiçarias de S. Fr. Gil e de outros ingredientes. Mas esta cor medievalesca é forçada. O poema é apresentado como «obra póstuma de F. E.» (Filinto Elísio), a quem é atribuída também uma *Protestação* assinada pelo mesmo. O autógrafo do poema, declara o editor (isto é, Garrett), foi recebido de Filinto Elísio «poucos dias antes da sua morte». Isto é um fingimento literário, uma mostra de que Garrett nesta época se acolhia sob a égide do mais célebre dos árcades.

Também são arcádicos os poemas líricos anteriores a 1824 reunidos na *Lírica de João Mínimo,* publicada em Londres em 1829, acerca da qual o próprio Garrett escreve no prefácio das *Folhas Caídas* (1853), quando tinha 53 anos:

> Fala de amor o poeta... sim, fala; e há Délias e há Lílias, e há flores e há estrelas, e há beijos e há suspiros, e há todo esse estado-maior e menor de um exército de paixões que sai a conquistar o mundo no princípio da vida de um rapaz de alma, de fogo, de exuberante energia e veemência de sangue. Mas esse exército é todo de parada, forma bem na revista —

em travando peleja séria há-de fugir, porque é boçal e não o anima nenhum sentimento verdadeiro e tenaz. Vê-se o poema através do amante: falso amor e falsa poesia!

De facto, pelo seu carácter artificioso, pelos enfeites arcádicos e postiços, a *Lírica de João Mínimo* merece o esquecimento a que foi votada, salvo pela apresentação em prosa de João Mínimo, suposto autor, que é uma reflexão sobre os problemas literários da época.

Já não se pode dizer o mesmo das *Flores sem Fruto* (1845), onde o autor se encontra com alguns dos pré--românticos na simplicidade do verso e do tema, no uso da rima e até da redondilha:

> *Por teus olhos negros, negros*
> *Trago eu negro o coração*
> *De tanto pedir-lhes amor*
> *E eles a dizer que não.*

A mesma versificação é adoptada nas *Folhas Caídas*. «Então vem a poesia do coração.», diz o autor a propósito das duas flores, *Flores sem Fruto* e *Folhas Caídas*. O último exprime de forma directa um estado passional, como já o prenunciava José Anastácio da Cunha no poema *O Abraço*. O poeta exibe-se nas várias fases da paixão. É um livro indiscreto e exibicionista, porque toda a Lisboa conhecia o objecto desses amores. Há gozo e dor, saudade e raiva, neste livro, que merece a designação de dramático, porque quase todos os poemas supõem um interlocutor invisível. Raramente o autor alcança o puro lirismo.

O período que medeia entre as *Flores sem Fruto* e as *Folhas Caídas* é o de melhor fecundidade e qualidade da obra de Garrett, tanto no verso como em prosa. Em 1845 é publicado o primeiro volume de *O Arco de Sant'Ana*, começado a redigir durante o cerco do Porto, em 1832. É uma obra de cenário medieval, segundo receitas formalmente românticas, cujo tema é a revolta dos burgueses do Porto contra o senhor feudal, que era bispo. Os burgueses são apoiados pelo rei, que se chamava D. Pedro, e o seu caudilho é o próprio filho do bispo, que ignorava este parentesco. Evocando a Idade Média, Garrett visa a situação contemporânea, dando a entender que é um democrata e também um defensor do poder real. É uma obra inautêntica e caída no esquecimento.

Mas já as *Viagens na Minha Terra* (1846), livro singular em toda a literatura portuguesa, nos oferecem o primeiro exemplo de romance contemporâneo em Portugal.

As *Viagens* são, no conjunto, a narrativa de um passeio a Santarém, entrecortada de digressões pelos mais variados assuntos, em que se aproveita a ocasião para atacar a agiotagem associada ao governo de Costa Cabral. Dentro destas descrições e considerações insere-se o romance de um emigrado na Inglaterra, soldado do exército liberal, de passagem por Santarém, onde revê os lugares da infância, a prima, a avó cega de chorar e o velho frade que dirigia esta família e era (o soldado descobriu-o nesta ocasião) o seu próprio pai. Debatendo-se entre a amante inglesa e a amada de Santarém, exasperado pelo ódio ao frade, a que atribui as desgraças da família, surpreendido de se saber filho deste no próprio momento em que o vai matar, o soldado liberal resolve, por fim, não podendo sofrer mais a fadiga destas lutas íntimas, afogá-las na vida política e na agiotagem, concebidas como evasão e jogo.

Há em todo este enredo um claro simbolismo político e social: o emigrado é filho do frade (e o chefe da revolta do Porto é filho do bispo), como o Portugal revolucionário é filho do Portugal clerical; e só por acidente aquele não assassina o pai, como o novo Portugal assassinara o Portugal antigo. O emigrado, tendo comprometido o coração em Inglaterra, não pode mais usar dele em paz de consciência na sua terra de infância: outros amores, outra civilização, lhe desfloraram a primitiva inocência. E, enfim, a política, associada à negociata bancária, não é mais do que um jogo de homens afectivamente frustrados, jogo com que os antigos emigrados, sem ilusões, preenchem o vácuo que ficou dos entusiasmos desfeitos. Dentro destas situações dramáticas, Garrett inseriu ainda um conteúdo psicológico originalíssimo. O herói do romance, Carlos, é um ser instável, mas que luta com a própria instabilidade, procura deter a constante mutação, o seu eu, apalpar a própria consciência. As contradições não existem só nas oposições das personagens umas às outras, mas dentro do sujeito, que, afinal, não é mais do que um equilíbrio sempre cambiante de instantes fluidos.

Nenhum outro escritor português foi tão longe na análise psicológica, nem encontrou, por outro lado, um instrumento tão finamente forjado para esta penetração como é o diálogo de Garrett, cheio de suspensões, de sentidos duplos, de insinuações que não chegam a formular-se.

A prosa de Garrett, como o seu verso, é radicalmente dramática. O autor apresenta-se como uma personagem que fala perante o público um discurso muito coloquial, entrecortado de apartes e de interpolações, e que resulta bem no palco como monólogo dramático.

Talvez possa dizer-se que Garrett é essencialmente um homem de teatro nas suas obras em prosa e em verso. Por isso, não admira que ele tenha praticado com insistência o género dramático, desde o *Catão*, já citado, e a *Mérope*, tragédias em verso branco de assunto clássico e recorte arcádico.

Herdou também o projecto arcádico, inspirado por um espírito de reforma social e política, de criar um «teatro nacional». Em 1836 triunfa um governo «setembrista» (que hoje se classificaria de esquerda) chefiado por Passos Manuel. Garrett recebe o encargo de promover a criação de um teatro nacional, para o que tem de procurar as companhias, os actores, o edifício, os originais, etc. Garrett em pessoa contribui com algumas peças, como *Um Auto de Gil Vicente* (1841), *O Alfageme de Santarém* (1842), *D. Filipa de Vilhena* (1846), *A Sobrinha do Marquês* (1848). São peças em prosa, de tema histórico, com cenário pitoresco e intenção patriótica e moralizadora, em que os heróis nacionais contracenam com o povo. Estão, geralmente, esquecidas, mas não merecem menos apreço do que, por exemplo, as peças de Vítor Hugo.

Desta série destacamos o *Frei Luís de Sousa* (1843), obra realmente fora de série tanto no teatro do autor como em relação ao teatro romântico europeu.

O seu assunto é o tema clássico do *fatum*, contra o qual se desfazem as esperanças, os desejos e os remorsos humanos. Neste caso, o *fatum* é representado pelo regresso de D. João de Portugal, sobrevivente da batalha de Alcácer Quibir, contra todas as expectativas da mulher e do próprio aio e escudeiro, Telmo Pais. Na sua ausência a vida refizera-se; a mulher tinha-se casado e do novo casal nascera um filho. Telmo Pais afeiçoara-se a esta criança, embora proclamando a sua fidelidade ao ausente, cuja morte se recusara a reconhecer. Quando o desaparecido volta com um hábito de romeiro, só Telmo o reconheceu, mas sente que também o traíra com a afeição que criara pela sua nova pupila. Dando-se conta da situação, D. João resolve regressar ao país dos mortos e ordena ao escudeiro que vá dizer que o romeiro era um impostor. O fiel escudeiro responde:

— Senhor, senhor! Não tenteis a fidelidade do vosso servo!

O romeiro desaparece. Mas o casal está desfeito. Enterra-se em vida no convento ao som do *De Profundis clamavi ad te, Domine.* E a criança morre.

Dentro do tema antigo do *fatum* há outro muito moderno e muito garrettiano: a mudança de sentimentos que se opera dentro das pessoas sob a aparência da constância, a infidelidade que vive sob a máscara da fidelidade morta e por isso fixa. Já conhecemos este tema do romance de Joaninha nas *Viagens na Minha Terra.*

O *Frei Luís de Sousa* só se pode classificar como pertencente à escola romântica pelo recurso, aliás muito sóbrio, à cor local (século XVI) e por ser redigido em prosa. Esta obra pode considerar-se um dos pontos mais altos atingidos pela literatura portuguesa.

Deve-se a Garrett a renovação do interesse pelo poeta tradicional, especialmente manifestado no *Romanceiro* – do qual publicou três volumes: é uma colecção de rimances pesquisados ou reconstituídos por Garrett. Este interesse pela poesia folclórica é próprio da escola romântica e fora inaugurado pelos irmãos Grimm (*Lendas Alemãs,* 1816-1818). Garrett é em Portugal o iniciador do movimento de pesquisa da chamada poesia popular, que será continuado por Teófilo Braga, Adolfo Coelho, José Leite de Vasconcelos, etc.

Alexandre Herculano

Herculano (1810-1877) é, muito mais do que Garrett, um espírito sistemático e capaz de observação e por isso mesmo um homem de escola, que pauta a sua actividade por doutrinas. Por esse facto, e ainda pela sua educação literária, também diferente da de Garrett, ele é o verdadeiro teorizador do romantismo em Portugal. Em numerosas páginas de crítica, reunidas nos *Opúsculos*, deixou-nos ele a exposição das suas doutrinas literárias.

Ele pensou que a revolução política e social se devia reflectir também na literatura. O classicismo era, segundo Herculano, a expressão literária do despotismo monárquico, uma literatura nascida e desenvolvida nas cortes reais e para elas; era preciso substituí-la por uma literatura popular e verdadeiramente nacional. Por literatura popular e nacional entendia Herculano uma literatura para as multidões; e, além disso, que fosse o produto natural da vida social, e não imitada dos modelos greco-latinos. Na Idade Média, que Herculano e os historiadores românticos consideraram como época em que as forças sociais (aristocratas e povo) se tinham desenvolvido espontaneamente, isto é, sem intervenção do poder central, deviam procurar-se os modelos ou os antecedentes da literatura moderna, saltando sobre três séculos de classicismo e absolutismo. Herculano considerava também que a literatura devia articular-se com a nova orientação filosófica, representada por Schelling, Herder, Vico — ao mesmo tempo histórica e idealista. Com esta base combatia a teoria aristotélica da arte como imitação da Natureza. O poeta tem a intuição de um mundo mais perfeito do que o real, o mundo das ideias, e a sua função é exprimir o ideal, que ele tem o privilégio de conhecer. O poeta é um profeta, isto é, um ser dotado de uma visão intelectual diferente da do vulgo.

Nesta convicção redigiu o primeiro texto que lhe deu a celebridade, o panfleto *A Voz do Profeta* (1836), em estilo bíblico. Era um protesto contra a revolução de Setembro desse ano.

O mesmo espírito se manifesta nos poemas reunidos em 1838, sob o título *A Harpa do Crente,* que reflectia a influência do romantismo religioso e anti-revolucionário. Herculano dá-nos meditações em verso sobre grandes temas impessoais, de carácter teológico ou filosófico, como Deus, o castigo dos maus, o sublime da Natureza, a liberdade, nos quais reflecte a grandeza bíblica da *Messíada,* de Klopstock, ou do *Paraíso Perdido,* de Milton. O exílio levou-o para temas novos e mais pessoais, inspirados nas tristezas do desterro e nas calamidades da guerra. A tempestade, os montes escalvados, a cruz abandonada, o regresso do emigrado, o tiroteio, a paz dos mortos no campo da batalha, são o ambiente onde Herculano ergue em toda a força a sua própria personalidade, que a devastação da paisagem torna maior. Um sentimento épico anima, por vezes, estes versos robustos, embora pesados, onde raramente soa a nota do lirismo amoroso:

> *Do fraticídio a luva*
> *Irmão a irmão lançara*
> *E o grito – ai do vencido! –*
> *Nos montes retumbara.*

O romance de cavalaria e a novela sentimental seiscentista tinham-se extinguido e o romance didáctico, representado por uma obra célebre na Europa, *O Feliz Independente do Tempo e da Fortuna* (1779), do P.ᶜ Teodoro de Almeida, não conseguiu deixar prole. Por isso, Alexandre Herculano intentou criar o romance português praticamente a partir do nada. Começou pela publicação de narrativas na revista literária *O Panorama* (*A Abóbada*, 1839). Daí nasceu o volume *Lendas e Narrativas* (1851), que ele próprio considerava como «a sementinha donde proveio a floresta», isto é, a enorme proliferação do romance histórico em Portugal no século XIX. Seguidamente, lançou-se nos romances de largo caudal, como *O Bobo* (1843), *Eurico* (1844), *O Monge de Cister* (1848).

É nestas narrativas que se revelam mais completamente os talentos literários de Herculano. No *Eurico,* n'*O Alcaide do Castelo de Faria,* n'*O Alcaide de Santarém,* não há a preocupação de realismo; há o contraste entre o eterno e o efémero, que se encontra também em alguns poemas religiosos d'*A Harpa do Crente.* Há também no *Eurico* e n'*A Dama Pé-de-Cabra* um ritmo musical, ritmo de «andante» nesta última narrativa. A presença do «sagrado» é insistente nestas obras e ainda n'*O Monge de Cister* e em *Arras por Foro de Espanha* (um episódio do reinado de D. Fernando). As personagens são demoníacas, precitas, condenadas, votadas a uma vingança inexplicável (como Vasco n'*O Monge de Cister*). A dama de pé-de-cabra é o diabo sob forma de mulher e demoníaca é também a personagem de Leonor Teles.

Mas, além destas características, que nos levam para um mundo poético (o ritmo, o sagrado e a desmesura), há também em algumas das narrativas de Herculano o gosto pelo real observável, como se verifica pela *Abóbada* (sobre a construção da sala do Capítulo da Batalha). O realismo vem a pretexto da cor local ou histórica; isto é sensível em *Arras por Foro de Espanha* e em *O Monge de Cister,* ambos baseados em textos de Fernão Lopes.

Ambos estes romances têm, ademais, intenção didáctica, como a *História de Portugal*.

A contribuição de Herculano para o romance contemporâneo é a narrativa-ensaio intitulada *O Pároco da Aldeia*, onde descreve uma comunidade rural orientada pelo guia espiritual que é o respectivo pároco. Intenta a demonstração das vantagens sociais do catolicismo e idealiza num sentido utópico a realidade focada. Anuncia já *As Pupilas do Senhor Reitor*, de Júlio Dinis.

Tirando *O Pároco da Aldeia*, os valores presentes na obra romancesca de Herculano são os valores cavaleirescos da coragem, do risco, da lealdade, do desafio, da vingança e da ascese. Em geral, a boçalidade, a rudeza e o grotesco são predicados atribuídos às personagens vilãs e burguesas. Já assim era no romance de cavalaria.

Não nos compete aqui ajuizar do valor metodológico e científico da *História de Portugal* e da *História da Origem e Estabelecimento da Inquisição em Portugal*, obras que deram origem à historiografia portuguesa dos séculos XIX e XX. Em ambas as obras Herculano atribuiu grande importância ao estilo da prosa historiográfica, que tem uma dignidade estudada que recobre um empenhamento pessoal apaixonado. Qualquer das suas obras provocou violentas respostas de adversários que não estavam à altura de Herculano, e este respondeu com escritos polémicos, em que dava largas ao seu espírito apaixonado e usava de uma ironia sarcástica e de um humor cruel e cortante. Outros escritos em prosa de Herculano foram provocados por conflitos políticos. Com estes textos Herculano cria para o público uma imagem de si mesmo como homem austero e cheio de dignidade, uma espécie de Sá de Miranda do século XIX. Uma parte das prosas doutrinárias de Herculano está reunida nos onze volumes dos *Opúsculos*.

10

A segunda geração romântica

Quando Alexandre Herculano se gabava de as suas narrativas históricas serem «as sementinhas» de que saiu a floresta, não falava em vão. Ele não só imitou Walter Scott, como teve de comum com o escocês o ser imitado por uma multidão de plumitivos, dos quais poucos são já hoje lembrados, como L. A. Rebelo da Silva (1822-1871) ou Arnaldo Gama (1828-1869). O último desta linhagem foi o operoso Pinheiro Chagas (1842-1895), também autor de uma *História de Portugal*, em vários volumes e muito popular.

Na poesia Garrett teve também numerosos seguidores, mas concorreram com ele, pela influência nestes epígonos, Lamartine, Vítor Hugo e outros. A. A. Soares de Passos (1826-1860), influenciado por Herculano, escreve o *Firmamento*, meditação sobre o infinito cósmico e a mesquinhez do homem, e o *Noivado do Sepulcro*, cujo ritmo se presta à recitação e ao canto. A *Lua de Londres*, de João de Lemos (1819-1890), canta

111

as saudades da pátria no exílio. Estes e outros poetas da época ficaram sendo conhecidos como os «ultra--românticos», grupo donde poucos se destacam, entre eles Gomes de Amorim (1827-1891), pelo vigor pessoal.

Os poemas narrativos continuaram a produzir-se. Ficaram célebres Bulhão Pato (1829-1912), autor da *Paquita*, e sobretudo Tomás Ribeiro (1831-1901), autor de *D. Jaime*, que foi um sucesso incrível e cuja popularidade durou mais de meio século.

Esta literatura deixou a sua marca na língua em expressões amaneiradas e afectadas, como *mansão funérea, páramos sidéreos, paixão inebriante, lânguidos anelos, procelosos baixéis, visões fatais*, etc.

João de Deus

Viveu e escreveu nesta época, mas escapou a este amaneiramento o poeta João de Deus (1830-1896), que é difícil classificar em qualquer escola literária, assim como o é em qualquer profissão, categoria social, ideologia, tempo. A sua poesia não tem as marcas do tempo ou do meio. *Flores do Campo* (1869) se chama a sua primeira colecção de poemas recolhida, compilada e publicada pelos seus amigos. Ele próprio dispersava as composições que compunha à viola, como o fizera já Caldas Barbosa. *Flores do Campo* é um nome apropriado para os seus versos, que tinham uma vida eterna e efémera, como as flores de um campo. Os seus mestres são Tomás António Gonzaga, Camões, Dante, Petrarca e a Bíblia. Em todos eles se encontram expressões para cantar o amor, a vida e a morte, serenamente, sem drama e sem metafísica. Para usar as palavras de um outro poeta, o seu canto «ondula como um canto de ave

112

no ar limpo como um limiar». Na elegia *A Vida* consagrada a uma morta:

> *A vida é flor na corrente*
> *A vida é sopro suave*
> *A vida é estrela cadente*
> *Voa mais leve que a ave*
> *Nuvem que o vento nos ares*
> *Onde que o vento nos mares*
> *Uma após outra lançou*
> *A vida – pena caída*
> *De vale em vale impelida –*
> *A vida o vento a levou.*

Há ainda na poesia de João de Deus poemas satíricos, também de contorno e espírito popular, satirizando os meios académicos, militares e políticos. Renovam o eterno conflito entre o poder e o povo.

O poeta João de Deus e os ficcionistas em prosa Camilo Castelo Branco e Júlio Dinis são os principais nomes a assinalar neste período entre os primeiros românticos e a geração de 70.

Camilo Castelo Branco

A biografia de Camilo (1825-1890) é uma novela camiliana. Filho bastardo, órfão de pai e mãe desde a infância, ficou ao cuidado de padres seus parentes nas serranias de Trás-os-Montes. Eles o iniciaram no latim e o fizeram ler cartapácios seiscentistas. Nos caminhos da serra aprendeu a caçar bichos e raparigas e participou episodicamente em restos de guerrilhas miguelistas. Tentou, sem resultado, tirar um curso de Medicina. Fixou-se no Porto e salientou-se entre a juventude boémia do Café Guichard. Era um moço impulsivo, que facilmente se batia nos jornais e nos campos de duelo por amores e por rixas literárias. Até que veio o seu grande empenhamento amoroso com Ana Plácido. Depois de conhecer Camilo, ela casou com um «brasileiro» rico; mas fugiu ao marido para viver com o amante, o que era neste tempo um escândalo passível de acção judiciária. O casal, perseguido pela justiça, passa algum tempo fugitivo, escondendo-se de terra em terra, até que os dois amantes se vêem forçados a entregar-se à prisão. Aí Camilo ocupou o tempo a escrever o *Amor de Perdição*, o seu livro mais acabado. Julgados em tribunal, foram absolvidos, e em seguida casaram. O resto é o suplício de um homem que se torna forçado das letras para angariar o sustento da família e que é obrigado, inclusive, a vender em hasta pública uma biblioteca preciosa que reunira ao longo de quarenta anos. Sobreveio, por fim, a cegueira, que o levou a matar-se.

Na vastíssima produção de Camilo é possível distinguir algumas séries, que, por vezes, se cruzam e confundem: o romance-folhetim, à maneira de Eugénio Sue ou Alexandre Dumas — as aventuras de uma misteriosa personagem, por vezes um condenado de regresso do degredo, que dá lugar a narrativas múltiplas ou a evocações históricas: *Mistérios de Lisboa, Livro Negro do Padre Dinis;* o romance do amor trágico — apaixonados que a desigualdade social ou os ódios de família separam irremediavelmente: *Amor de Perdição;* o romance-sátira, em que se caricatura certo tipo social, como o burguês rico ou o brasileiro de torna-viagem, ou ainda o provinciano deslocado em Lisboa: *A Queda de Um Anjo, O Que Fazem Mulheres;* o romance de costumes aldeãos: *Novelas do Minho, Brasileira de Prazins;* o romance histórico, principalmente sobre o século XVIII: *O Judeu* (António José da Silva), *O Olho de Vidro.*

Na última fase da sua carreira Camilo foi influenciado pelo romance naturalista, que caricaturou n'*A Corja* e n'*O Eusébio Macário*.

O ambiente mais comum a esta diversidade de narrativas é a vila ou a aldeia de província, frequentemente também a cidade do Porto. Camilo evoca o solar do fidalgo anterior à revolução liberal; o convento, onde os pais enclausuravam as meninas recalcitrantes; a taberna aldeã, onde se combinam assaltos e assassínios; as vilas no fundo dos vales, mergulhadas na escuridão da noite; as serras, onde os lobos perseguem o gado.

As personagens que povoam este ambiente são, geralmente, sobreviventes ou evocações de um mundo desaparecido: o antigo desembargador dos tempos da senhora D. Maria I; o comerciante com negócios no Brasil; as freiras; o ferrador ao serviço do senhor fidalgo e que por ele arrisca a vida; o proprietário provinciano que vai até Lisboa ser deputado. Mesmo quando estas personagens são coevas, não deixam de ser estereotipadas: o padre, o salteador das estradas, o «brasileiro» de torna-viagem. Camilo é o novelista da tradição que resistiu às investidas do marquês de Pombal e do liberalismo.

O pensamento mais profundo dos enredos camilianos pode talvez considerar-se como tipicamente pré-romântico. O amor contrariado pelas convenções sociais, quer sejam a desigualdade e condições entre apaixonados, quer o poder do dinheiro com que os velhos ricos compram aos pais as filhas em casamento, quer os ódios de família, é o esquema da acção, que conclui frequentemente em tragédias fúnebres e até sangrentas. É o esquema do *Romeu e Julieta*. Nisto está implícita a afirmação do direito ao amor, que em si mesmo, na sua espontaneidade e pureza, se legitima e santifica. Quem quer que se interpõe no caminho dos amantes aparece sob uma capa de ridículo ou de odioso: são os pais criminosos, os velhos pretendentes decrépitos, os primos de sentimentos baixos. A mulher de todas as condições sociais, desde a camponesa e operária até à fidalga, é quase sempre o anjo adorável, capaz de todas as abnegações e sacrificada ao egoísmo, à vaidade ou ao simples capricho masculino. Esta posição leva-o por vezes a pôr, de raiz, certos problemas que tanto os nossos românticos como os nossos realistas ignoram: é o caso do problema da frustração sexual da mulher, dado com grande relevo n'*A Brasileira de Prazins*. Tudo isto não impede, todavia, que haja na sua obra muito de convencional, imposto quer pelos padrões literários em voga, quer pelo próprio gosto do público que o sustentava. Por isso, os heróis dos seus romances, frequentemente, em vez de criaturas com vida própria, são manequins que vestem sentimentos emprestados pelo autor, e a sua vida psicológica desenvolve-se de maneira forçada e incoerente. Falta-lhes a interioridade, procurando Camilo supri-la com certos lugares-comuns em voga. Outras personagens, no entanto, têm uma extraordinária força e verdade no desenvolvimento das suas paixões, que as levam até à autodestruição. Algumas personagens secundárias, como o ferrador do *Amor de Perdição,* o pedreiro das *Novelas do Minho,* e algumas narrativas, como a da morte do Zeferino ou a das primeiras páginas da *Maria Moisés,* revelam um vigoroso observador de tipos e costumes e um extraordinário narrador. Alguns diálogos, pela justiça com que definem situações e pela verdade do comportamento psicológico típico que traduzem, só têm paralelo, em Portugal, nos de Gil Vicente. É quando pretende penetrar no drama íntimo do apaixonado, ou no retrato do homem excepcional, que Camilo se arrima ao convencionalismo, às expressões feitas.

116

A língua de Camilo é, por vezes, prejudicada pela declamação romântica, mas nos seus melhores momentos possui uma singular capacidade para surpreender o movimento físico e para caracterizar de maneira concreta e nítida os objectos. A sua economia de recursos é notável. Tirante as experiências pseudonaturalistas, Camilo descura a adjectivação, preferindo uma acertada escolha de substantivos e verbos. Está longe, todavia, de ser, como Garrett ou Eça de Queirós, um inovador da língua literária. Certo tom arcaizante ajusta-se ao que há na sua obra de sobrevivência do mundo tradicional que se vai desvanecendo.

Camilo é talvez o único escritor português da estirpe de Balzac. No entanto, falta-lhe a objectividade e o espírito analítico que caracterizam o escritor realista. Tende a oscilar entre o lirismo e o sarcasmo. Frequentemente, em vez de retrato, faz caricatura. É, por vezes, em prosa um poeta lírico e satírico, com um sentimento trágico que dá uma estrutura consistente e um ritmo empolgante às suas melhores novelas passionais.

Não é por acaso que a expressão *novela camiliana* é frequentemente usada, em vez de *romance de Camilo:* a palavra italiana *novela* tinha já uma tradição na Espanha quando o *romance* anglo-francês foi introduzido em Portugal. A diferença entre um e outro é que na *novela* a acção é uma sucessão de acontecimentos independente da dimensão *tempo,* que tem grande importância no romance de Dickens ou de Balzac.

Júlio Dinis

A tarefa de construir pela primeira vez em Portugal o verdadeiro romance de tema contemporâneo (descontando o caso, sem sequência, da novela das *Viagens*

117

na Minha Terra, de Garrett) veio a caber a um médico portuense, ligado à grande burguesia do Porto e formado na leitura dos romancistas ingleses, Joaquim Guilherme Gomes Coelho (1838-1871), mais conhecido pelo pseudónimo de Júlio Dinis.

Os seus romances focam o meio mercantil do Porto ou a vida doméstica no campo em casa de proprietários--lavradores.

No romance de ambiente portuense *Uma Família Inglesa* a acção gira em torno da praça, onde pululam o grande e o pequeno comerciante, o guarda-livros, o rapaz dos recados, o caixeiro, o capitalista reformado, o rico filho-família herdeiro de uma grande firma. Júlio Dinis leva-nos depos ao ambiente caseiro de alguns dos figurantes da praça: o palacete do rico exportador de vinhos, a residência mais modesta do guarda-livros; de relance, entrevemos o interior quase miserável do ajudante do guarda-livros, sustentando dificilmente a mãe viúva. Outras vezes acompanhamos o filho-família às grandes ceias carnavalescas do Águia de Ouro, onde encontramos os rapazes da «boa sociedade», de vida alegre e larga. Quando nos transporta para a aldeia *(As Pupilas do Senhor Reitor),* o ambiente de Júlio Dinis é mais convencional: a casa do lavrador abastado, pintada de maneira muito vaga, com cores frescas, novas; e principalmente o coração dos mexericos da terra, a venda, onde se reúnem os lavradores, o brasileiro, o morgado decadente, o candidato a deputado e, de passagem, a beata da aldeia ou a criada do Sr. Abade. Júlio Dinis leva-nos também ao ambiente burguês do proprietário *(A Morgadinha dos Canaviais),* ou ao solar do velho fidalgo arruinado pela revolução, onde um velho frade dormita sonhando com os pratos da refeição seguinte *(Os Fidalgos da Casa Mourisca).*

A população destes ambientes contrasta com a dos romances de Camilo. O comerciante do Porto é inglesado e moderno; o velho guarda-livros é um liberal que se bateu no cerco. Todos têm o hábito de ler o jornal, quer seja o *Times*, quer a gazeta da terra, com o seu folhetim. A crença optimista no desenvolvimento da riqueza, da iniciativa, no prémio ao trabalho, desaloja o fatalismo do fidalgo decadente. Além do camponês que prospera à sombra da legislação liberal, e em contraste com a decadência económica do morgado ou do fidalgo, entram no romance de Júlio Dinis o professor primário, o engenheiro das estradas, o deputado. E parte dos conflitos dos romances de Júlio Dinis resulta da transformação técnica em curso: a construção de uma estrada provoca os conflitos dramáticos n'*A Morgadinha dos Canaviais;* o contraste entre o antigo criado do fidalgo, a que a revolução social abriu o caminho da riqueza, e o amo, que, por não se adaptar às novas condições, se arruína pouco a pouco, é o tema d'*Os Fidalgos da Casa Mourisca.*

De acordo com um optimismo que pressupõe a harmonia universal, os enredos de Júlio Dinis contam a permuta da virtude, do talento ou da nobreza de raça com a riqueza, pelo casamento do humilde com o abastado ou o fidalgo. É o velho esquema imaginário da *Gata Borralheira.* A única nota trágica é dada pela reacção clerical que ensombra *A Morgadinha dos Canaviais.* Júlio Dinis aponta, de passagem, a falsificação do regime parlamentar em proveito de uma oligarquia de políticos e proprietários, nisto seguindo Herculano, mentor nesta época da pequena e média burguesia portuguesa.

A arte de narrar com verosimilhança aquilo em que as pessoas gostariam de acreditar, a expressão de arquétipos inconscientes, explicam em parte o extraordinário êxito de Júlio Dinis. Mas esse êxito vem também da sua arte de construir romances, combinando com sucesso notavelmente feliz os múltiplos factores que concorrem neste género literário. Os tipos são magistralmente caracterizados com uma leve formação caricatural e humorística, que não exclui a ternura. Certas personagens têm vida interior, pelo menos até ao momento em que o autor resolve dobrá-las ao *happy end;* o mecanismo da associação de ideias é penetrado numa análise paciente que chega a atingir o subconsciente. Isto não impede o autor de manter essas mesmas personagens fortemente integradas nos meios respectivos, sobretudo no meio familiar burguês, idealizado com optimismo e enternecimento lírico, que já inspirara as esperanças de Gonzaga na *Marília* e os anseios de João de Deus. O poder de sugerir ambientes, deixando escoar-se o tempo fora da acção da intriga, é talvez a sua faculdade suprema. E, a par das cenas em que nada parece acontecer senão a rotina da vida quotidiana, surgem os momentos dramáticos de tensão e desfecho rápido.

Júlio Dinis deu um passo decisivo na nossa prosa de ficção ao criar em Portugal o género burguês e moderno por excelência, o romance «contemporâneo», amparado certamente por um público que tivera tempo de amadurecer desde os primeiros ensaios do romance histórico.

O seu estilo, impessoal, incaracterístico, arrumado, sem ornatos, feito para o leitor corrente, é também muito significativo pelo gosto da linguagem sóbria e funcional que supõe no mesmo público.

11

A geração de 1870

A história da literatura e a da arte em geral proporcionam às vezes curiosas coincidências. Uma deles foi o que se chamou «a geração de 70». Jovens nascidos cerca de 1845 encontraram-se unidos em torno de aspirações comuns e produziram juntos algumas das obras mais significativas e importantes da cultura e literatura portuguesas.

Talvez que na origem deste encontro de jovens em torno de um programa mais ou menos comum esteja a personalidade excepcional de um estudante de Coimbra, que era um ilhéu, vindo de Ponta Delgada, chamado Antero de Quental (1842-1891). Era um homem de educação católica e de família conservadora, de carácter profundamente religioso, que sofreu um profundo abalo ao encontrar-se num meio onde penetravam ideias e leituras que punham em causa a sua crença tradicional. A perda da crença desencadeou nele um movimento intelectual e moral demolidor que encontrou adesão entre alguns estudantes mais curiosos ou mais lidos. Antero de Quental tinha nessa época o

121

estofo de um líder revolucionário. Crente na razão e na justiça, como o tinha sido na fé, pôs em questão a academia, a sociedade, a literatura. Foi um veículo por onde a teoria da evolução, a crítica bíblica de Renan, o socialismo de Proudhon, o progresso como teoria da história, se popularizaram entre os estudantes. Promoveu manifestações e associações contra o foro académico e o reitor e grandes marchas de protesto. Publica em 1865 uma obra intitulada *Odes Modernas,* em cujo prefácio declara que «a Poesia é a voz da Revolução». O poeta é o arauto do futuro:

Escuta: é a grande voz das multidões!

....

Ergue-te, pois, soldado do Futuro
E dos raios de luz do sonho puro
Sonhador faze espada de combate!

Entre os acompanhantes contava-se outro açoriano da mesma terra e nascido no mesmo ano, Teófilo Braga, que publicara em 1864 um livro, também antilírico, inspirado na *Légende des sciècles,* de Vítor Hugo: *Visão dos Tempos e Tempestades Sonoras.*

Estes dois livros foram metidos a ridículo com o nome de «escola coimbrã» por António Feliciano de Castilho, tornado patriarca das letras e considerado (equivocadamente) como o último sobrevivente da primeira geração romântica. Castilho era, de facto, um *public relations* de jovens escritores ambiciosos, como Tomás Ribeiro e Pinheiro Chagas. Escreveu um posfácio para o *Poema da Mocidade,* deste último, em que procura ironizar sobre o que ele alcunhava de «escola coimbrã», jovens que escreviam com intencional obscuridade sobre temas que nada tinham de poético. Antero

122

de Quental respondeu num folheto intitulado *Bom Senso e Bom Gosto*. É um texto de uma eloquência tribunícia, embora clássico e de uma gravidade quase religiosa. Antero vê no poeta um missionário do ideal e faz o contraste fácil entre os grandes temas políticos, sociais, científicos, religiosos, que se debatem na Europa e as infantilidades de que se ocupam os poetas portugueses contemporâneos, de cultura estagnada. Depois deste, no mesmo ano, publicou ainda sobre a questão o folheto *A Dignidade das Letras e as Literaturas Oficiais*, no qual reivindicava uma literatura militante que interessasse ao trabalhador. Teófilo secundou Antero com um folheto intitulado *Teocracias Literárias*.

A polémica deu brado porque feria susceptibilidades e nela intervieram vários escritores influentes, como Ramalho Ortigão, Camilo, Pinheiro Chagas; Antero ficou consagrado como o líder da sua geração literária, consagração confirmada com a iniciativa das Conferências Democráticas do Casino, em Lisboa, proibidas pelo governo (1871). Na base havia o Cenáculo, que reunia à volta de Antero alguns antigos participantes do grupo coimbrão, como Eça de Queirós, que trouxe consigo Ramalho Ortigão, e outros, entre os quais Oliveira Martins.

Antero, Oliveira Martins e Eça de Queirós, quase da mesma idade (Martins e Queirós nasceram em 1845), tiveram no Cenáculo um grupo de aprendizagem mútua, reagindo a leituras comuns e a acontecimentos marcantes, dos quais o principal foi a revolução e derrota da Comuna de Paris em 1871. A partir do ano seguinte, cada um destes companheiros seguirá o seu caminho próprio, mas conservando sempre entre eles uma ligação afectiva e intelectual e ajudando-se mutuamente nos seus projectos.

Antero de Quental

Já vimos como nas *Odes Modernas* Antero cultivou a musa revolucionária em versos tribunícios, com forte convicção e fraca originalidade. A personalidade afirmativa ou desalentada de Antero era incompatível com a ambiguidade, a multissignificação e os jogos com que se faz a literatura. Mas os *Sonetos,* publicados em 1886, com um prefácio de Oliveira Martins, não têm o mesmo destino panfletário que as *Odes Modernas;* são como que uma meditação solitária em que se manifestam os ímpetos e as indecisões do poeta. Nem sempre é fácil analisar os *Sonetos* sem ser como expressão de conceitos filosóficos. Os dois temas dominantes de *Sonetos* são a evolução e a consciência. Esta dualidade insolúvel é a razão ou o pretexto da angústia que faz nascer os sonetos, e é esse estado emocional que torna alguns deles emocionantes:

> *Conheci a beleza que não morre*
> *E fiquei triste. Como quem da serra*
> *Mais alta que haja, olhando aos pés a terra*
> *E o mar, vê tudo, a maior nau ou torre*
>
> *Minguar, fundir-se sob a luz que jorra*
> *Assim eu vi o mundo e o que ele encerra*
> *Perder a cor, bem como a nuvem que erra*
> *Ao pôr do Sol, e sobre o mar discorre.*
>
> *Pedindo à forma, em vão, a ideia pura*
> *Tropeço em sombras na matéria dura*
> *E encontro a imperfeição de quanto existe.*
>
> *Recebi o baptismo dos poetas,*
> *E assentado entre as formas incompletas*
> *Para sempre fiquei pálido e triste.*

O soneto já tinha sido em Camões um género literário adaptado à reflexão; em Bocage é exclamativo e patético. Antero recebeu a herança destes dois mestres, inovando o assunto. Pouco cultivou da poesia de amor. Quanto à forma, Antero (como, aliás, João de Deus) não é um grande inovador, porque não inova as imagens e os ritmos.

Oliveira Martins

A trajectória intelectual de Joaquim Pedro de Oliveira Martins (1845-1894) é paralela à de Antero de Quental. Eram homens de temperamentos diferentes, Antero contemplativo e Martins activo, mas foram os dois, dentro do grupo, que melhor se entenderam. Martins foi um autodidacta que chegou a ministro das Finanças; lançou um projecto público a que Antero de Quental deu o seu apoio.

Oliveira Martins é autor de uma *Biblioteca das Ciências Sociais* que vai desde os *Elementos de Antropologia* até à *História de Portugal,* dando forma narrativa à teoria hegeliana da história, que ele partilhava com Antero. Mas concebia a história como uma ressurreição do passado, ressurreição de homens e acontecimentos, e portanto como arte.

A *História de Portugal* está construída como uma sucessão de quadros dramáticos em que se dá grande relevo à acção das personagens históricas, procurando determinar os seus móbiles psicológicos. Mas uma espécie de fatalidade encarreira estes quadros para um desfecho apocalíptico, tornando-se, afinal, os homens «sombras levadas pelos ventos sábios do destino». A obra resulta num poderoso poema, de vertiginoso ritmo, sob forma de epitáfio, a história de uma nação que teve o seu momento heróico na época das navegações e depois morreu em catástrofe, deixando como cinza a crença sebastianista.

O *Portugal Contemporâneo*, construído sobre a mesma forma de quadros dramáticos, é, todavia, mais rico de retratos e de casos. Oliveira Martins faz através da narrativa uma crítica do liberalismo e dos seus homens, crítica por vezes contraditória, em que ora parece condenar a anarquia liberal em nome do socialismo, ora parece enaltecer o antigo regime em nome da tradição nacional. O favor com que trata as personalidades vigorosas e autoritárias, como Costa Cabral, deixa mais uma vez entrever a sua preferência por uma solução «heróica» do caso português.

Talvez por isso dedicou os últimos anos da sua curta vida a uma série de biografias de heróis exemplares: *Os Filhos de D. João I, A Vida de Nun'Álvares* e *O Príncipe Perfeito,* história de D. João II, que ficou incompleta. Mas faltou-lhe o dom romanesco de criar a ilusão de personagens vivas. Os dois primeiros livros (os únicos concluídos) são uma reelaboração da crónicas de Fernão Lopes, que se revela muito superior a Oliveira Martins como prosador histórico.

Nas suas obras a que podemos chamar «panorâmicas», como a *História de Portugal,* o *Portugal Contemporâneo* e mesmo a *História da República Romana,* grandes pinturas murais, em que se esbatem os pormenores, Oliveira Martins manifesta um poder excepcional de descrição: o brilho, o fausto, a «orgia» das cores e das formas, os violentos contrastes de brilho e miséria, as cenas de sangue, o espectáculo dos combates, são-nos transmitidos em pinceladas por vezes um pouco cruas e simplistas, mas muito vigorosas. Dir-se-ia uma pintura em que as cores dominantes fossem o negro e o ver-

126

melho. Tem também o poder de filmar a sucessão, o acontecimento desencadeado, o movimento — desfiles, marchas, combates, naufrágios. Tem sobretudo o poder de converter em drama vivo as ideias gerais com que interpreta a história de todo um povo ao longo de uma sucessão de séculos. Os esquemas personificam-se em pessoas, em sentimentos, não como alegorias inerentes, mas vivendo um jogo, desencadeando-se numa acção que nunca se arrasta, antes avança com ímpeto para um desfecho geralmente catastrófico dentro de um ritmo inconfundível. A história de Roma, por exemplo, converte-se num palco em que algumas personagens — Aníbal, Cipião, os Gracos, Catão, César — compõem uma peça de violentos contrastes, lutas de vida ou morte, que concluem na girândola final e orgiástica do suicídio a dois de António e Cleópatra.

A sua última obra são as impressões da viagem a Inglaterra, *A Inglaterra de Hoje*. É um estudo profundo da Inglaterra vitoriana que hoje se lê com grande interesse.

Eça de Queirós

José Maria Eça de Queirós (1845-1900) contribui para a campanha do Cenáculo com uma conferência sobre «A nova literatura, o realismo como nova expressão da arte», em que faz a crítica do romantismo e da arte pela arte e recomenda o realismo «como a arte que nos pinta os nossos olhos». Grita «abaixo os heróis!» e insiste nas circunstâncias de que o homem é o produto.

A nova literatura trazida pela geração de 70 ficou a partir daí identificada com o realismo.

A mesma ideia aparece como critério orientador do panfleto periódico que se intitulou *As Farpas* (início em 1871), escrito de meias com Ramalho Ortigão. Aí fez-se a crítica e a caricatura das instituições monarco-liberais e da literatura romântica então em voga. A colaboração de Eça, mais tarde reunida em *Uma Campanha Alegre,* é, de facto, um dos livros mais divertidos da literatura portuguesa, pela ironia ridicularizante com que são focadas personagens e situações.

Mas antes disto ele publicara em folhetins de jornal as *Prosas Bárbaras,* em que se exibe o mais fantasmagórico romantismo, em que os seres da Natureza se transfiguram e antropomorfizam. É um universo panteísta em que o objectivo e o subjectivo são duas faces do mesmo real. Segue-se a fase programaticamente «realista», em que, sistematicamente, Eça faz um inquérito à sociedade portuguesa do seu tempo.

N'*O Crime do Padre Amaro* (1876) foca a vida de uma cidade provinciana e a influência clerical: a acção do seminário e do confessionário; a pressão das oligarquias locais; certos tipos, como o beato e o revolucionário exaltado e inofensivo de 1870.

N'*O Primo Basílio* (1878), fortemente influenciado pela *Madame Bovary,* foca uma família supostamente típica de Lisboa: a mulher casada, sem formação moral e sem outra cultura além da leitura de romances românticos, que lhe abrem uma fuga para o tédio da vida conjugal; o dom-joão que espreita a ocasião; a criada humilhada. Apresenta-nos também como frequentadores da casa um versejador fátuo e vazio, satisfeito de si mesmo, símbolo da literatura oficial, e o conselheiro Acácio, símbolo da política constitucional. A tragédia tem por causa principal a deficiente educação feminina e uma literatura que exalta os valores romanescos e pinta com cores atraentes o adultério.

Mas *Os Maias* (1888) já saem fora deste plano. Elevamo-nos ali ao nível da aristocracia e ao ponto de vista de uma *elite* capaz de diagnosticar os males da pátria. O grupo que convive no palácio do Ramalhete é, provavelmente, um auto-retrato da geração de 70 na fase da desilusão. E na efabulação do romance há um momento trágico (próprio da tragédia grega): dois irmãos que não se conhecem, filhos de uma paixão romântica e fatal, acabam por encontrar-se em Lisboa e por ter amores incestuosos. Isto apesar dos cuidados preventivos do avô, que, amargurado pela paixão e morte do filho, procurou, pela educação, imunizar o neto contra o resquício de romantismo. É uma variante da história de Édipo.

Com *Os Maias* cessa a análise crítica sistemática da vida portuguesa. Desde os 27 anos, como funcionário diplomático, Eça vivia habitualmente longe de Lisboa, tendo passado por Cuba, Newcastle e Paris, que lhe deram assunto para crónicas clarividentes. A *Correspondência de Fradique Mendes*, cuja publicação foi iniciada em 1889-1890 na *Revista de Portugal*, é a estória de uma personagem cosmopolita que possui as qualidades de vários dos companheiros do Cenáculo e que manifesta as suas opiniões em cartas literárias por vezes satíricas dirigidas a vários destinatários.

Volta ao romance com *A Ilustre Casa de Ramires* (1897), obra construída em dois planos: um heróico, que conta os feitos de um Ramires medieval, novela que está escrevendo um Ramires contemporâneo, que se acomoda com a mediocridade e se abaixa a solicitar os votos dos vizinhos para se fazer eleger deputado. O Ramires de agora, para se libertar da vileza em que vegeta, decide partir para África. É praticamente um romance de uma só personagem.

Em 1901, no ano seguinte ao da morte de Eça, Ramalho Ortigão publica *A Cidade e as Serras*, romance que tem sido denegrido pelos incensadores do «progresso», mas que se antecipa, pelas suas ideias, ao movimento ecologista dos nossos dias. É uma obra em dois painés que contrastam, o da vida na cidade (que é Paris) e o da vida no campo, nas serras do Minho.

É difícil dar ao leitor uma ideia das capacidades de Eça de Queirós como prosador. Ele impôs em Portugal e no Brasil um estilo normalizado, desinteressando-se da chamada riqueza lexical (que se aponta em Camilo) e da liberdade de colocação das palavras no discurso em português. Usou a língua corrente em Lisboa, no vocabulário e na sintaxe (sujeito — verbo — complementos), variando os efeitos pela combinação do adjectivo e do substantivo ou do verbo e do advérbio: «alvejava recolhidamente o fino e claro pórtico de um templo». Segundo o programa realista, tal como Eça o definira na sua conferência do Casino, a arte seria «a análise com fito na verdade absoluta»; mas toda a realidade é vista através de uma subjectividade, e a objectividade de Eça consiste em ver ou sentir as coisas por meio de personagens interpostas, isto é, por meio de várias subjectividades. A sua verdade é relativa às personagens. Por meio da adjectivação, até os factos exteriores se tornam pessoais: Fulano tocou «uma campainha humilde». A verdade esfuma-se em ilusão. O mundo fantasmagórico das *Prosas Bárbaras,* a transfiguração antropomórfica da Natureza, permanecem em Eça sob a etiqueta do realismo.

O estilo de Eça de Queirós sugere uma transparência e uma cristalinidade a que apetece chamar olimpíadas, em que a inteligência se sente tranquila e satisfeita. Esse estilo atesta, além de um gosto sempre em busca da sensação mais afinada, uma participação da inteligência selectiva. Por outro lado, é um estilo deleitoso e atraente pela sensualidade quase viciosa.

As personagens de Eça, semelhantemente às de Júlio Dinis, são tipos sociais, sem grande profundeza psicológica. Algumas, como o conselheiro Acácio, tornaram-se caricaturas proverbiais; outras, como o Eusebiozinho, são inesquecíveis como imagens de uma forma social:

> Abriu a boca: e como de uma torneira lassa veio de lá escorrendo, num fio de voz, um recitativo lento e babujado.

Outros contemporâneos: prosa

José Duarte Ramalho Ortigão (1836-1915) colaborou, como vimos, com Eça n'*O Mistério da Estrada de Sintra* e n'*As Farpas*. Pode dizer-se que foi adoptado pelo grupo de 70, apesar de pertencer a uma geração anterior e de ter já publicado livros de crónicas jornalísticas. Antes de *As Farpas* tinha escrito os *Contos Cor-de-Rosa*. Quando Eça parte para o estrangeiro, toma sozinho conta de *As Farpas* até 1888, mas transforma-as em repositório de antigos doutrinários e de crónicas sobre paisagens, costumes e obras de arte nacional, com muita informação e pitoresco. Ramalho está em diapasão com os pintores do grupo «Silva Porto», entre eles Malhoa, que tem o mesmo gosto do colorido dos grupos populares ao ar livre.

Teixeira de Queirós e a ficção em prosa

O naturalismo chegou a Portugal ao mesmo tempo que o realismo de Flaubert, não deixando autores dignos de leitura. Mas, independentemente de Eça e da geração de 70, houve um autor que deixou um romance realista, de inspiração balzaquiana, o *Salústio Nogueira*. O autor, que usava o pseudónimo de Bento Moreno, é

Teixeira de Queirós, que ordenou os seus livros em duas séries, denominadas «Comédia do Campo» e «Comédia Burguesa». O *Salústio Nogueira* é a estória de um ambicioso que consegue trepar na política pondo-se ao serviço de um homem poderoso na política e nos negócios e sacrificando por isso a rapariga com quem vive e que o ama. Revela uma zona da realidade portuguesa que Eça só entreviu e é o primeiro romancista português a superar o idealismo romântico relativamente aos problemas femininos.

12

A esquina do século

No período que vai de 1890 até cerca de 1930 assistimos a uma espécie de desintegração e de tentativas de criação de uma nova prosa e de uma nova poesia a partir do estilo literário que atingira a sua forma clássica na geração de 70. Só o grupo do *Orpheu*, em 1915, saiu fora desta linha de desenvolvimento, mas ele representa uma pedrada no charco e só depois de 1930 começa a sair do seu esconderijo.

Comecemos por notar a permanência do conto rústico português, que começa, segundo vimos, com *O Pároco da Aldeia*, de Herculano, e continua com diversos autores. É um género muito durável em Portugal, pois ainda vamos encontrá-lo no «neo-realismo». Uma das obras mais editadas em Portugal é *Os Meus Amores*, de José Francisco Trindade Coelho (1861-1908), também autor de *In Illo Tempore*, e que permanecem talvez como a expressão mais clássica do género entre nós.

Mas é evidente o desafio de Fialho de Almeida (1857-1911) à perfeição clássica de Eça de Queirós. Ele pro-

133

curou uma espécie de contorção barroca, com um ritmo por vezes ofegante, com vocábulos mais ou menos raros e inesperados, a procura de efeitos chocantes, a acumulação, o empastamento, o macabro, a fosforescência cadaverosa, o contraste da pureza inocente com o mal que a devora.

Esta mesma inquietação transmite-se a Raul Brandão (1867-1930), que procura comunicar ao leitor um permanente maravilhar-se perante o espectáculo da vida, a intensidade das sensações, sobretudo visuais; mas a imagem das pessoas é por vezes espectral, como se um espelho mágico as deformasse e as fizesse oscilar entre o grotesco e o sublime. Manifesta-se também nas suas prosas e nos seus dramas uma simpatia pelos infelizes — os pobres, os pescadores — e sobretudo o sentimento de não poder fazer nada por eles.

O tema de os simples é também apropriado por Guerra Junqueiro (1850-1923), que, tendo acompanhado em verso a geração de 70, com o seu talento versificatório, o aplicou depois à nova moda decadentista e pretensamente místico-social.

Aliás, Junqueiro é o mais típico representante, na sua primeira fase, do que Oliveira Martins tinha designado por os *poetas da escola nova*, isto é, os poetas correspondentes à «escola realista» na prosa, anti-românticos e antilíricos. O primeiro deles, por ordem cronológica, é Guilherme de Azevedo (1839-1882), em quem é sensível a influência de Baudelaire. Junqueiro segue-lhe as pisadas, mas o alvo da sua imitação é Vítor Hugo.

Gomes Leal

Levado pela mesma vaga ideológica da «escola nova», António Duarte Gomes Leal (1848-1921) é o único rival de Junqueiro na violência da sátira e em certa demagogia oratória. Revelou-se em 1875 com as *Claridades do Sul*. Há na sua poesia muitos lugares-comuns, muita verbosidade difusa, enorme confusão de ideias mal assimiladas, mas alguns momentos de génio que porventura nenhum poeta português da sua época atingiu. Mais do que Junqueiro, é um dos renovadores da expressão poética portuguesa, sobretudo pela riqueza e ineditismo das imagens, sugerindo audaciosas correspondências e apontando o caminho do simbolismo:

> *Bela! dizia eu, ágil como um jaguar*
> *Assim me inspire o Fado e Satanás me deixe!*
> *Bela, dizia eu, fria como o luar*
> *Ou como o dorso luzente e excepcional dum peixe.*

A violência satírica de algumas das suas composições, reunidas em parte no *Anticristo* e no *Fim de Um Mundo*, não exclui um aparente ocultismo e um sentimento apocalíptico de catástrofe, que o conduzem, numa última fase, ao catolicismo da infância, expresso na *História de Jesus* e na *Senhora da Melancolia*. Nos últimos anos de vida, afundado na mais degradante miséria, degenerado pelo álcool, dormindo nos bancos da Avenida, ao relento, Gomes Leal parece um apêndice à história de fracassos contada por Eça n'*Os Maias*.

Cesário Verde

Mas um outro poeta quase da mesma geração, tão exacto quanto Gomes Leal era difuso, tão conciso quanto aquele era caudaloso, parece apontar outros caminhos à poesia. Cesário Verde (1855-1886), partilhando os ideais da «escola nova» e da agitação republicana, é, todavia, um poeta singular e sem precedentes, cuja influência só se fará sentir muito mais tarde, talvez até porque a sua obra veio a ser editada postumamente (*O Livro de Cesário Verde*, 1901).

Como ninguém, conseguiu dar expressão poética à realidade objectiva e quotidiana. Na sua obra ganham beleza e sentido o cabaz da hortaliceira, os melões, as maçãs, a madeira das árvores, os instrumentos dos carpinteiros, as ruas de Lisboa, as vitrinas das lojas, as manhãs de trabalho e as noites alumiadas a candeeiros a gás. Tudo isto é dado de foma impressionantemente exacta, sem véus de retórica, com uma aparente impassibilidade, numa linguagem que consegue ser corrente e comum. O poeta detesta as abstracções e sente-se feliz quando encontra «materiais», formas que os seus olhos, o seu olfato ou as suas mãos palpam, que «tangem» os seus sentidos:

> *E engelhem muito embora, os fracos, os tolhidos*
> *eu tudo encontro alegremente exacto.*
> *Lavo, refresco, limpo os meus sentidos*
> *e tangem-me, excitados, sacudidos*
> *o tacto, a vista, o ouvido, o gosto, o olfacto!*

Este interesse pela realidade sensorial apresenta-se como uma afirmação do senso comum, da saúde física e moral, de um gosto da actividade e da prática que leva o poeta a alegrar-se com «um trabalho técnico, violento», a odiar uma sociedade que dá todos os privilégios à ociosidade. Como ninguém, Cesário descreveu as ruas de Lisboa — mas essa descrição é um protesto contra a degradação humana, o emparedamento da esperança que ele observa entre os muros dos quartéis e dos conventos, nas vielas do Bairro Alto ou de Alfama, onde a miséria faz multiplicar a febre-amarela. Abafado na cidade como num poço, o poeta sonha os louros heróis do porvir que poderiam nascer num mundo mais feliz, povoando uma cidade resplandecente.

De todos os poetas da chamada «escola nova», Cesário foi o único que conseguiu cortar com a retórica romântica, criando uma expressão inteiramente nova, ajustada à expressão directa de um novo conteúdo. É o único verdadeiro poeta «realista» do nosso século XIX, tanto mais singular e genial quanto trabalhava sem modelos, nacionais ou estrangeiros. É verdade que alguma coisa aprendeu em Baudelaire, mas a sua poesia oferece um perfeito contraste com a do francês, para quem a realidade objectiva era apenas o pretexto para uma fuga. Contrariamente, Cesário negava-se aos paraísos artificiais.

Teixeira de Pascoaes (1877-1952) é ainda um poeta do século XIX, que, como Antero, filosofa em verso, mas cuja arte se aparenta mais com a de João de Deus. Insistiu em certos nomes, como *sombra, luar, longe, ermo, etéreo,* mas não trouxe qualquer novidade à arte poética portuguesa. Fez uma poesia de mensagem, sendo que a mensagem prevalece sobre a poesia:

> *Saudade! Ó Saudade! ó Virgem Mãe*
> *Que sobre a santa terra portuguesa*
> *Conceberás, isenta de pecado*
> *O Cristo da esperança e da beleza.*

A saudade portuguesa é a virgem que conceberá o Cristo, isto é, o homem divino profetizado pela história passada e pela paisagem de Portugal-Galiza. O velho messianismo renasce com nova forma na revista *Águia* (1912), animada por Pascoaes, quando Portugal, política e economicamente, está de rastos. A redenção que se prepara em Portugal será uma transformação não apenas histórica, mas cósmica. Fernando Pessoa, a referir adiante, foi um admirador episódico de Teixeira de Pascoaes, cuja doutrina está na semente de *Mensagem*.

António Nobre

António Nobre (1867-1900) só publicou em vida uma obra, o *Só*. É um poeta efectivamente solitário, sem marcas nem propósitos de escola, mas que, como Cesário, poda e supera a poesia retórica romântica ou pretensamente realista. Chega-nos através dele uma voz pura e cantante. O sentimento dominante é a saudade: saudade da pátria de quando esteve em Paris, saudade da infância e do seu paraíso perdido, saudade porque se sente destinado a uma morte precoce:

> *Pudessem suas mãos cobrir o meu rosto*
> *fechar-me os olhos e compor-me o leito*
> *quando, ceguinho, as mãos em cruz no peito,*
> *eu me for viajar para o sol-posto.*

É nele que o tema de os simples (que vimos ser um motivo de prosa artística em Raul Brandão) aparece com mais simplicidade e autenticidade. Com Cesário Verde, António Nobre está nos umbrais da poesia portuguesa do século XX.

13

O século xx

Desde 1930 até hoje não só mudou o perfil do último século literário em Portugal, como o da própria literatura portuguesa no seu conjunto, pois, além de se revelar um poeta que ombreia com Camões, manifestaram-se em prosa e em verso grandes escritores, que introduziram novas qualidades, sabores e recortes que até aí a nossa literatura desconhecia. Poucas épocas literárias serão tão ricas como a que vamos estudar.

Estando nós muito perto, ou mesmo dentro dela, temos dificuldade em perspectivá-la e em distinguir o que é aquisição durável do que é moda passageira. Por outro lado, o propósito deste livro não é oferecer uma lista exaustiva, um catálogo onde caibam muitas pessoas, mas sim iniciar o leitor na literatura de grandes textos escritos em Portugal.

Por consequência, na multidão de autores que nos cercam e que vista em panorâmica é inexpressiva, focaremos apenas alguns rostos de entre aqueles em quem é mais sensível o espírito criador.

Serão poucos os escolhidos, por força do pequeno espaço de que dispomos. Certamente muitos autores ficarão de fora imerecidamente. Mas foi necessário escolher, e assumimos a responsabilidade da escolha, que depende, como não podia deixar de ser, do nosso próprio critério.

Consideraremos as personalidades de preferência às chamadas «escolas», até porque as «escolas» são geradas por grandes personalidades capazes de suscitar discípulos. No entanto, é certo que, por vezes, se dá uma convergência de personalidades num propósito comum, e a partir de fundamentos comuns, como aconteceu na geração de 70 e voltará a acontecer.

A primeira grande personalidade do século, apesar de nascida no mesmo ano que Nobre e dez anos antes de Pascoaes, chama-se Camilo Pessanha, que é o grande poeta simbolista português. Foi morrer em Macau antes de ver publicados os seus versos. Podemos considerá-lo um irmão de Verlaine, seguindo o preceito «de la musique avant toute chose». No seu ritmo, as coisas bóiam como ao som de um violino, todos os recortes se esbatem, tudo se desincrusta dos seus lugares habituais para se agregar numa nova realidade ondeante:

> Só, incessante, um som de flauta chora,
> viúva, grácil, na escuridão tranquila...

Só em 1922 veio a ser publicado o seu livro *Clepsidra;* mas alguns dos seus poemas foram conhecidos em manuscrito e exerceram influência profunda num grupo muito selecto de poetas. A sua presença indirecta na literatura portuguesa é anterior ao seu aparecimento perante o público, visto que já Pessoa e Sá-Carneiro lhe devem tanto, pelo menos, como a Cesário ou a Nobre.

Fernando Pessoa e os poetas do «Orpheu»

O tradicionalismo de Nobre, o messianismo de Pascoaes e até as inovações simbolistas poderiam facilmente corresponder a uma academização, que até já começara com o «neogarrettismo» apregoado por um amigo de Nobre, Alberto de Oliveira, em 1891. Foi contra esta estagnação e contra o naturalismo então dominante que se ergueu o grupo do *Orpheu*, revista de que saíram apenas dois números em 1915. Só vinte anos depois se tornou patente o significado profundamente revolucionário desta manifestação de jovens, acolhida pelos contemporâneos como uma extravagância exibicionista e irreverente. Na realidade, tratava-se do afloramento de um processo oculto, quase imperceptível, em que convergiam as contribuições de Cesário, de Nobre e de Pessanha, o magistério de Pascoaes, uma súbita consciência do significado dos novos tempos, e também a presença de um homem de génio que a si próprio se definia como «indisciplinador de almas» e que exerceu sobre os que dele se aproximavam uma fascinação quase sobrenatural: Fernando Pessoa (1888--1935).

A respeito deste poeta escreveu um dos grandes mestres da crítica dita estruturalista, Roman Jakobson, o seguinte:

> Le nom de Fernando Pessoa exige d'être inclus dans la liste des grands artistes mondiaux nés au cours des années 80: Stravinsky, Picasso, Joyce, Braque, Khlebnikov, Le Corbusier. Touts les traits typiques de cette grande épique se retrouvent condensés chez le poète portugais.

Para situarmos Pessoa na história da literatura ocidental precisamos de o pôr ao nível de um Dante, um

Shakespeare, um Goethe, um Joyce. É-nos, evidentemente, impossível darmos aqui mais do que uma rápida evocação do único poeta português que pode medir-se com Camões.

A sua obra, como já foi dito, é uma literatura inteira, isto é, um conjunto de autores a que ele chamou os seus «heterónimos», cada um dos quais tem um estilo e uma atitude que os distingue dos mais. Um deles, de nome Ricardo Reis, é um latinista e semi-helenista, com uma tranquilidade horaciana na forma e o correspondente epicurismo. Outro, Alberto Caeiro, o poeta para quem «o único sentido íntimo das coisas é não terem sentido íntimo nenhum», o poeta que nega qualquer forma «de religiosidade, qualquer coisa em si», de certa maneira o Antipascoaes. O seu estilo é um verso livre maravilhoso de fascinação no seu pretenso prosaísmo, que lembra o poeta americano Walt Whitman. Um terceiro é Álvaro de Campos, em que pôs «toda a emoção que não dou nem a mim nem à vida», uma personagem complexa, um engenheiro que se interessa pelas máquinas e pela vertiginosa criação técnica do século, mas também se interroga sobre o mais íntimo do seu «eu». Um quarto é Fernando Pessoa-ele-mesmo, que usa o verso tradicional, rimado, admiravelmente musical, buscando, não as mãos, mas o gesto da tocadora de harpa, perplexo perante uma coerência impessoal que olha pelos seus olhos e se encontra além do som da cantiga que ouviu. Este é também o autor de *Mensagem,* um conjunto de poemas de inspiração ocultista e épico-messiânica, o único livro publicado pelo autor nas vésperas da sua morte, em 1934.

Talvez pudesse falar-se ainda de outras personagens ocasionais ou apenas esboçadas. O mais notável no conjunto destes heterónimos é que, embora a problemática lhes seja, pelos menos parcialmente, comum, cada um possui um estilo que lhe é próprio, correspondente a uma atitude que é mais do que uma simples doutrina. Pessoa insistiu várias vezes na realidade dos seus heterónimos e no carácter dramático da sua obra, o que lançou os seus críticos numa perplexidade compreensível. Notemos, a este propósito, que Fernando Pessoa escreveu algumas peças dramáticas, em que sobressai a peça em um acto *O Marinheiro,* com três personagens, mas sem conflito e sem acção. Este belíssimo texto é o melhor exemplo de teatro simbolista estático à maneira de Maeterlinck, que, aliás, não conseguiu produzir nada de tão admirável.

A temática dos heterónimos só pode classificar-se como metafísica: o que é a realidade daquilo a que chamamos realidade? Há algum significado nas coisas, além do seu simples ser? Que espécie de coisa se manifesta no que supomos ser a nossa consciência? Mas, sendo, como se diz, «filosóficos» estes e outros temas, a poesia de Pessoa não é uma poesia filosófica no sentido usual desta expressão, ou seja, não é uma meditação *sobre* temas filosóficos, como sucede, por exemplo, com a de Antero de Quental ou mesmo a de Pascoaes. «O que em mim sente está pensando»: este verso é uma das chaves para a compreender. O pensar é já a forma que toma o sentir, independentemente de doutrinas com as quais o sentimento da realidade seja contrastado. Como na música qualquer som se desenvolve imediatamente em forma musical e não existe independentemente disso, assim em Pessoa qualquer estado emocional é logo forma dialéctica, é logo acto não filosofante, mas pensante. O que interessa, escreveu ele a propósito de outro poeta, não são os sentimentos, mas o uso que se faz deles.

Esta reflexão põe o problema da sinceridade, capital para o entendimento da obra de Pessoa. Desde que os sentimentos não têm qualquer valor, ou mesmo verdadeira realidade, independentemente do pensar, através do qual passam de matéria a acto, onde está o critério da sinceridade? Não havendo sinceridade fora dos sentimentos, é claro que dentro da poesia sinceridade é uma palavra sem sentido:

> *O poeta é um fingidor.*
> *Finge tão completamente*
> *Que chega a fingir que é dor*
> *A dor que deveras sente.*

A profundeza do problema assim posto leva-nos a um limite de consciência em que não há qualquer apoio para um sistema de valores. Pessoa aparece-nos como um arcanjo negro ou luminoso que nos sorri para além do bem e do mal, para além do significado das coisas, como o Jaime Franco, que seduz e repele o protagonista do *Jogo da Cabra-Cega*, de José Régio.

Mas o leitor não precisa de chegar a este limite para usufruir a beleza deste poeta. Tem nele uma matéria ilimitada para se deleitar, quer o seu gosto se incline para a musicalidade do verso, quer para o imprevisto das metáforas ou para qualquer outra das seduções que oferece a literatura. Também encontrará uma grande diversidade de ideias a seu gosto, e até mesmo de sentimentos com que se identificar, visto que o poeta os usou variadamente no jogo dos seus heterónimos. «Sentir, sinta quem lê», escreveu Pessoa-ele-próprio, e não há razão para o leitor não tomar à letra o convite, apesar do seu tom sarcástico. É o que, de resto, não só os leitores, mas também os críticos, quase todos têm feito.

À volta de Pessoa, no *Orpheu*, constelam-se vários poetas de valor desigual. Já falámos do mestre de todos eles, Camilo Pessanha, ausente. O mais próximo discípulo de Pessoa é Mário de Sá-Carneiro (1890-1915), que, além de livros de contos, publicou ainda em vida o livro de poemas *Dispersão* (1914) e deixou inéditos com que veio a ser formado outro, com o título *Indícios de Oiro* (1937). Na sua arte há muito ouropel simbolista, mas também a busca inquieta de um «outro» além do seu «eu» representado na consciência:

> *Eu não sou eu nem sou outro*
> *Sou qualquer coisa de intermédio:*
> *Pilar da ponte de tédio*
> *Que vai de mim para o Outro.*

E há a tentativa, encorajada por Pessoa, de viver outras vidas, de multiplicar as sensações experimentadas. O futurismo italiano, e sobretudo de Marinetti, foi conhecido e aproveitado neste sentido por Sá-Carneiro e outros poetas do *Orpheu*.

Coube ao benjamim do grupo, o escritor e pintor José de Almada Negreiros (1893-1970), levar mais longe algumas tendências implícitas no futurismo. Devem-se-lhe textos e atitudes de provocação do conformismo burguês e de academismo literário em termos de uma ousadia e truculência que nunca mais voltaram a ser alcançadas em Portugal. A sua obra poética, dispersa em revistas e postumamente compilada, parece menos interessante, que a sua narrativa e o seu teatro.

Nome de Guerra é um dos grandes textos narrativos de toda a literatura portuguesa. O autor pretende atingir aquilo a que chama o «íntimo pessoal» irredutível à sociedade, o destino que, metaforicamente ou não, ele considera inscrito nos astros. A maior parte do livro trata das relações entre um homem e uma mulher e dá-nos a dialéctica do casal com uma penetração que nenhum outro autor atingiu no século XX; oferece-nos um retrato de mulher na intimidade, anatómico, dinâmico e psicológico, de um realismo e de uma subtileza raramente alcançados na literatura. Conta a estória na linguagem dos «rapazes» de Lisboa com uma desenvoltura elegante, sem buscar aparentemente efeitos de estilo, mas com achados inesperados e felizes, resultantes justamente do á-vontade com que se juntam numa frase natural coisas desencontradas habitualmente no pensamento, processo que faz pensar em Fernando Pessoa. De Pessoa vem também uma parte da problemática do livro: a oposição entre o ser e o pensar, o instinto e o conhecimento. Os diálogos são de uma realidade inexcedível porque as personagens têm vida própria, sem embargo da constante intromissão do autor, à maneira de Garrett, nas *Viagens na Minha Terra.*

Almada manifesta neste seu romance uma forte vocação teatral, patente, aliás, em todo o seu comportamento público. Há nele a consciência de que representava um papel demolidor e ao mesmo tempo pedagógico e exemplar para despertar as consciências adormecidas, soterradas na rotina, para as evidências. O seu vulto sai do papel impresso e levanta-se diante de nós, fazendo surgir interlocutores que estão também de pé e respondem ao seu criador. São diálogos entre o eterno par ele-ela, entre Pierrot e Arlequim, pólos de uma mesma realidade, ou paradoxos como o espectáculo oferecido pelo «Sr. Público» à companhia de actores. Há alguma coisa de vicentino neste teatro de alegorias, que representa um corte absoluto com o teatro de intriga.

Orpheu abriu caminho a outras revistas igualmente efémeras, e dez anos depois, em Coimbra, à revista *Presença*, que vai durar de 1927 a 1940 e com a qual a literatura portuguesa se vai definitivamente libertar da tutela do século XIX e do simbolismo de escola. É ela que vai consagrar e lançar na circulação pública os principais colaboradores de *Orpheu*. Mas outras águas aqui desaguam, entre elas um certo «realismo», se assim se pode dizer, tanto psicológico como social, que se acompanha de uma revolta contra mitos e convenções e de uma interrogação sobre a situação do homem no mundo dos «outros», ou, para dizer melhor, de todos, como vamos ver. À frente da revista encontram-se notáveis poetas: José Régio, Casais Monteiro, Miguel Torga e António de Navarro, além de prosadores de que falaremos.

Os poetas da «Presença»

A memória colectiva associou o nome da *Presença* sobretudo ao de Régio (1901-1969), talvez porque, de todos, ele é a personalidade de presença mais forte e porque, através das sucessivas divisões, foi ao seu espírito que a revista, finalmente, permaneceu fiel. Cultivou vários géneros em prosa e verso. Sem ser propriamente um inovador em matéria de verso, e encontrando-se até mais próximo do que os poetas do *Orpheu* do discurso romântico (é possível, inclusivamente, detectar nele a presença do Garrett das *Folhas Caídas*), Régio ficará como um dos poetas do século XX pelo vigor dramático da sua expressão. A sua poesia é, com efeito, dramática, e por vezes até narrativa, tendo como principais protagonistas um eu sociabilizado, que se esforça por ser «como toda a gente», e um outro, espécie

147

de arcanjo que o chama para um abismo que tanto pode ser de degradação como de santificação, pois aí a moral, mesmo a santificada pela religião, não tem ponto de apoio. Este outro, embora se manifeste psicologicamente, não tem o seu lugar naquilo a que chamamos a realidade psicológica, nem tão-pouco na social, mas em algo que as transcende e que propriamente não é lugar nenhum. Por isso nos parece errado dizer que a problemática de Régio é psicologística; seria mais correcto aproximá-la da de Kierkegaard. Diferentemente do drama de Pessoa, que estaria no conjunto das personagens-autores em que o dramaturgo se despersonaliza, o de Régio encontra-se em cada peça poética, inventada como diálogo ou monólogo.

Também a Régio se deve um impulso forte na moderna prosa narrativa de ficção, sobretudo no que respeita à temática.

O *Jogo da Cabra-Cega* é a história de uma pequena tertúlia literária que se desintegra com a aparição de uma personagem inquietante, Jaime Franco. Mas, no fundo, todas as personagens são máscaras do protagonista, e Jaime Franco é o arcanjo que o desafia para uma sublimidade ou uma baixeza que, provisoriamente, ele não é capaz de assumir. A personalidade do protagonista busca-se e só encontra a sua teatralidade múltipla, que é a sua própria máscara e a dos outros. E quando recusa a máscara só é capaz de a substituir por outra. Sente-se suspenso num abismo que não tem fundo nem topo e onde qualquer posição é falsa, porque há sempre outra abaixo ou acima. Mas fora deste eixo há outro: o remanso da inconsciência, a aceitação das coisas normais e «sãs», o mundo honesto e sem outro lado do pai, da mãe e da virtuosa dona da pensão, mundo que em certos momentos ele viola e assassina em cenas de sacrilégio que poderiam ter inspirado Buñuel. O romance, que é longo, resulta intensamente dramático, embora o protagonista-narrador não seja capaz de sair de si mesmo: é que o seu problema é justamente o da dificuldade de apreender o contorno do «eu», que se multiplica em máscaras que dialogam exasperadamente entre si, transcendidas talvez por aquilo em que Pascal pensava quando dizia «l'homme passe l'homme». É talvez no *Jogo da Cabra-Cega* que se torna mais patente o carácter dramático de toda a obra de Régio. E nele também encontramos o melhor exemplo da habitual clareza do discurso dialéctico e clássico que é o de todas as suas obras.

A vocação dramática de Régio levou-o a praticar o género teatral. Entre as suas principais peças contam-se *Jacob e o Anjo* e *Benilde*. A simples leitura basta para no-lo revelar como um grande dramaturgo. *Jacob e o Anjo* é uma peça simbólica em que o tema central de Régio, a luta do «eu» quotidiano com a sua própria transcendência, nos aparece sob uma forma simplificada, esquematizada, mas empolgante. *Benilde* pertence a um outro género, em que a transcendência é dada de uma forma realista, e não já simbólica: uma sonâmbula de boas famílias concebe de um anormal vagabundo, mas convence-se de que o filho foi gerado dentro dela por Deus; dentro do equívoco é posto em evidência o sagrado do amor. Tal como Almada Negreiros, Régio pratica um teatro, a que podemos chamar simbolista, que põe em cena concepções abstractas (de ideias, comportamentos, valores, tipos, etc.).

Miguel Torga (uma das principais revelações da *Presença*) oferece-nos antes uma problemática de tipo cósmico que nos parece de alguma maneira continuar ou responder à de Teixeira de Pascoaes. Mas, ao contrário deste, é um escultor, e a forma e a presença humanas parecem, nele como no *Moisés,* de Miguel Ângelo, condensar a força das montanhas ou do mar, erguendo--se num desafio a Deus. O que em Pascoaes é bruma e expectativa torna-se em Torga afirmação e contorno, no que respeita tanto ao pensamento como ao estilo.

Ele conta-se também entre os melhores contistas da literatura portuguesa. Como em Régio, a sua prosa é uma continuação da sua poesia, ou vice-versa, e uma das suas principais obras, o *Diário,* em vários volumes, contém notas em verso e em prosa. Mas a prosa é talvez o seu verdadeiro elemento. O seu estilo, que por vezes quer ter a aparência de uma escultura feita à faca em madeira rija, para imitar a rudeza do granito, é mara-vilhosamente dúctil, leve, alado, capaz de delicadeza e de grandeza, sem chamar a atenção para si mesmo, feito de propriedade lexical, de sobriedade e certeza rítmica. Por isso, é nas suas páginas que se pode aprender um português que não é pobre nem barroco, nem quoti-diano nem literário, e por este lado elas são um modelo, como aquelas em que o P.ᵉ Manuel Bernardes conta os seus «exemplos». Isto o afasta do barroquismo de Aquilino, de quem o aproxima, todavia, o sentimento da Natureza. Mas, ao passo que o autor do *Malhadinhas* se identifica com a Natureza, segundo uma tendência panteísta, Torga, como um Adão ou um Job, opõe a sua vontade à do criador.

Outro homem da *Presença,* Adolfo Casais Monteiro (1908-1972), apresenta-se com um aparente descaso da forma, um prosaísmo por vezes ostensivo, contrastando com a veemência de Régio e o recorte perfeitíssimo de Torga, mas a sua originalidade depura-se com o tempo e evidencia-se sobretudo nos livros de maturidade, a partir das *Simples Canções da Terra,* de 1949. Há nele uma recusa a aceitar a harmonia artística ou a coerência

150

do pensamento como mundo à parte, a evidência de «eu ser um homem entre os outros homens», a afirmação da verdade do instinto. Os seus versos «corto-os nesta carne de que somos». E esta orientação poderia talvez resumir-se neste versos:

> *Senhor, dai-me as coisas*
> *que eu vos deixarei a verdade.*

Não admira que o tempo terrível do nazismo e da guerra tenha na sua poesia uma presença directa, embora o poeta nunca se propusesse fazer doutrinação ou apologia ideológica.

Poetas alheios à «Presença»

Esta espécie de antipoesia declarada pelos poetas encontra-se, aliás, em outros autores alheios à *Presença*. O mais antigo é Afonso Duarte, contemporâneo de Pessoa, também formado no simbolismo, mas que se revolta contra os símbolos. Profundamente influenciado por Nobre, torna-se em certo momento um Antinobre porque a mitologia literária dos «simples» lhe parece uma mentira quando contrastada com a existência real do pescador ou do lavrador. É nele que surge o tema da linguagem, que inspirará mais tarde outros poetas:

> *Eu bem sei: a verdura, a flor, os frutos.*
> *Mas não posso passar de olhos enxutos*
> *Meu campo verde aflito.*

Nos anos fecundos da velhice, o verso de Afonso Duarte tem rijeza mesmo perante a morte: o seu último livro de versos chama-se *Ossadas*.

Irene Lisboa (1892-1958), apesar do pseudónimo masculino que adoptou para os seus livros de poemas, João Falco, é a feminilidade introvertida em busca também da autenticidade antiliterária, em contraste com o «belo verso» de Florbela Espanca. Toda a eloquência a atemoriza, e no lixo da vida busca as pequeninas coisas desdenhadas com que tece o seu diário íntimo em verso que parece prosa ou em prosa que parece verso. Ela mesma previne o leitor, à entrada de um dos seus livros: «Ao que vos parece verso chamai verso, e ao resto chamai prosa.»

Isolada, Irene Lisboa prossegue o seu solilóquio, entre 1926 e 1958, e produz alguns livros de impressões e de contos que, por convenção, pertenciam à prosa. Alguns dos títulos dos seus volumes são verdadeiras amostras do seu estilo: *Uma Mão Cheia de Nada, Outra de Coisa Nenhuma* (1955), *Queres Ouvir? Eu Conto* (1958), *Título Qualquer Serve* (1959).

Outro inovador independente do presencismo é Vitorino Nemésio (1901-1978). Formado no simbolismo, e especialmente influenciado por Mallarmé, é talvez o único poeta português da primeira metade do século que pelos caminhos dessa escola vai além dela, chegando à criação de uma poesia que é o centro e a circunferência de si mesma, objecto válido por si, que poderia ter o seu símbolo nos *Versos a Uma Cabrinha Que Eu Tive*:

> *E enfim no puro penedo*
> *De seus casquinhos tocado*
> *Está como o ovo e a ave:*
> *Grande segredo*
> *Equilibrado!*

Com o seu ritmo muito próprio, sofreado, podando, com Sá de Miranda, todo o arredondamento oratório, todo o prolongamento adjectival, feita por vezes de encontros surpreendentes, a poesia de Nemésio pode considerar-se a precursora de uma poesia muito em voga entre os novíssimos poetas portugueses a partir da segunda década de 60, a que pode aplicar-se o nome de «objectal».

Nemésio, que era natural da ilha Terceira, deixou-nos um retrato da vida açoriana no seu longo romance *Mau Tempo no Canal.* É uma obra miúda e apurada como um bordado regional, na tradição romanesca inglesa que vem de Walter Scott e que está representada entre nós por Júlio Dinis. Há um flagrante parentesco entre este livro e *A Morgadinha dos Canaviais.*

À margem dos movimentos declaradamente renovadores de que se reclamam os «modernistas» e que se manifestam especialmente na poesia, alguns prosadores se realizam solitariamente desde a primeira metade do século.

Aquilino Ribeiro

Pode julgar-se que o principal herdeiro de Camilo é Aquilino Ribeiro (1885-1963), talvez porque o seu léxico é rico, o seu ambiente rural e montanhoso, as suas peripécias acidentadas, as suas personagens inteiriças, por vezes bravias e guiadas por um instinto cego e certeiro, no ambiente arcaico das serras do interior. Mas faltam a Aquilino algumas das propriedades essenciais do seu grande, mas não único, mestre, entre outras, o interesse pela vida sentimental e a capacidade de fazer dialogar as personagens. O seu grande tema, se considerarmos em conjunto a sua obra romanesca, é a Natureza, com o homem incluído, o homem-bicho, agindo segundo a lógica directa do instinto, batendo-se para sobreviver, para possuir a fêmea, como um galo. Poucos como ele souberam contar os vales e as serras, o arvoredo, a água e os pássaros, a neve e a Primavera, animando-os de um instinto genésico, de que o homem é participante: a bolota enterrada na terra tem dores de parto; o sol é comparado a uma galinha chocando os ovos. A acção movimentada alterna com as descrições da Natureza, e por este lado Aquilino é camiliano. Mas é sempre a voz de Aquilino que está presente: ele é absolutamente incapaz de se despersonalizar, e por isso na sua obra há acções, mas não há drama. O amor vai direito à sua consumação imediata, embora Aquilino, com mãos calosas de camponês, queira, por vezes, sugerir a voluptuosidade de uma Colette. Esta sua poesia de Natureza-mulher é de uma espécie rara em Portugal e tem talvez um anúncio em certas passagens de Gil Vicente. Mas a grande empresa de Aquilino foi criar uma linguagem capaz de a comunicar; ele pertence àquela série de escritores para quem as palavras não servem tanto para significar como para impressionar, palavras-coisas, de que importa mais o feitio, o som, a sugestão marginal, o conteúdo mítico, o sabor, a conotação, do que o significado no código feito da língua. Vai buscá-las à linguagem rural, mas também aos clássicos, ao latim e às línguas estrangeiras. Nem sempre o efeito é conseguido, mas por vezes ele acerta maravilhosamente, como quando pretende dar-nos o mundo mítico dos homens de *As Terras do Demo* ou a tempestade de neve que surpreende o *Malhadinhas*. Estes dois livros contam-se entre as melhores narrativas da literatura portuguesa. A linguagem de Aquilino, tecido espesso, nem sempre dócil, é uma criação até certo ponto comparável à do escritor brasileiro Guimarães Rosa em *Grande Sertão Veredas*.

Rodrigues Miguéis

Rodrigues Miguéis (1901-1980), que pertence já a uma geração posterior à de Aquilino, não tem como ambiente dos seus enredos o mundo rural da província portuguesa, mas a grande cidade europeia. O seu estilo é funcional e não se interpõe entre o leitor e a acção narrada. Mas o seu mundo tem uma comunicabilidade humana que Eça não conheceu, porque não é visto com olho permanentemente crítico, antes com simpatia e comunhão, embora com uma certa distância humorística. Ninguém como ele sabe evocar a Lisboa do princípio do século, as suas ruas, janelas e interiores, a sua gente modesta, os seus vícios e segredos, as suas noites intermináveis e os seus dias luminosos. A simples evocação, sem transfiguração intencional, talvez só com um toque de saudade, basta para lavar este mundo de toda a sordidez sem lhe tirar a realidade.

Ferreira de Castro

O terceiro grande prosador desta primeira parte do século já não tem nada que ver com Eça nem com Camilo: é Ferreira de Castro (1898-1974), que pertence cronologicamente à geração de Miguéis. Teve uma aprendizagem pouco comum entre os escritores portugueses: foi seringueiro no Brasil, o que significa ser pouco mais do que escravo, numa plantação de borracha. A sua grande carreira começou quando, após anos de jornalismo e de novelas folhetinescas, se decidiu a narrar a sua experiência de emigrante. Com *Emigrantes* e *A Selva* entra na literatura portuguesa pela primeira vez a experiência do proletário e entra também o

155

grande espaço, a floresta amazónica. Ademais, como Ferreira de Castro não tinha formação universitária nem treino de letrado, a sua obra representa um corte com a tradição, tanto temática como estilística. Digamos, metaforicamente, que ele é o primeiro escritor português que não usa gravata. Daqui vem o seu grande significado sociológico. Do ponto de vista literário, não criou um estilo, mas, servindo-se da acumulação das palavras, consegue comunicar ambientes e, por vezes, agarrar o real com flagrância. Numa fase posterior fez um esforço de aperfeiçoamento estilístico, como se vê em *A Lã e a Neve,* e noutras obras procurou dar a interioridade de personagens, como em *A Curva da Estrada* e *A Missão.*

Os «neo-realistas»

É habitual aproximar Ferreira de Castro de um grupo de poetas e prosadores mais jovens que a si próprio se designou por «neo-realista». A história deste grupo faz lembrar até certo ponto a da geração de 1870. Uma geração académica de Coimbra rebelada no fim dos anos 30 contra a ordem estabelecida nas instituições e contra o carácter estetizante e individualista dominante na literatura propõe-se fazer deste (como dissera Eça de Queirós) a «análise crítica da realidade». Mas nenhum dos participantes neste movimento alcançou o nível literário ou de consciência problemática que encontramos em Eça de Queirós, em Antero de Quental ou em Oliveira Martins.

Estão mais perto do naturalismo representado por Abel Botelho na esquina do século do que do grande realismo dos anos 70. Do ponto de vista da linguagem artística, representam um recuo considerável em relação aos poetas da *Presença*, de que são contemporâneos, e ficam muito atrás dos escritores do *Orpheu*, que os tinham precedido. Ferreira de Castro, Miguéis, Aquilino, tornaram-se para eles modelos a imitar. Há uma tendência para o estilo imperativo no verso e para uma prosa neutra, opaca e baça na narrativa. O cenário dos romances ou contos é rústico ou provincial, mas sem o poder evocativo de Camilo.

De resto, os tempos cruéis (guerra de Espanha, nazismo e estalinismo) pareciam justificar o sacrifício da consciência escrupulosa à urgência na acção, da reflexão crítica ao dogmatismo das palavras de ordem. Sentia-se iminente um apocalipse social; andar depressa era o mais importante.

Numerosos escritores ditos *empenhados* se alistaram nesta escola, que era facilmente acessível a um homem mediano que quisesse resgatar-se da sua condição privilegiada de «burguês» ou de letrado, pelas suas «boas obras», mesmo sem a graça do mérito gratuito, ou seja, da vocação artística. À cabeça do desfile, por ordem cronológica, Soeiro Pereira Gomes e Alves Redol. Entre os outros participantes há alguns escritores estimáveis, que, todavia, não deram um contributo qualitativo de primeira grandeza ao caudal literário português.

Cerca de 1950 a fórmula «neo-realista» dá sinais de esgotamento e procura renovar-se.

Pode-se discutir se o neo-realismo morreu ou sofreu uma metempsicose na obra de José Cardoso Pires. Logo na sua estreia, *Os Caminheiros* (1949), se vê que ele rompe com o romantismo que há no fundo dos neo-realistas. Não faz concessões nem à efusão lírica, nem à demagogia. Com mão vigorosa e rédea curta, corta cerce todo o abandono, distracção ou comprazimento a que a prosa é naturalmente sujeita. O seu estilo, rigoro-

157

samente funcional, faz pensar ora no Hemingway de *O Velho e o Mar,* ora em Camilo, quando conta como se limpa e apronta uma espingarda. As personagens de algumas das suas narrativas situam-se entre a realidade e o folclore de sugestão pícara. É sobretudo inimitável quando narra as andanças de caminheiros em busca de sustento; o movimento é o seu elemento próprio.

A sua consciência profissional de artista manifesta-se com particular vigor na *Balada da Praia dos Cães* (1982), assim como a sua recusa da demagogia e dos efeitos fáceis. É um livro diferente dos outros de Cardoso Pires porque aí o movimento toma uma forma circular em espiral para dentro. Parece uma obra de talha dourada realizada por um artesão meticuloso e que não põe limites ao seu aperfeiçoamento.

Agustina Bessa Luís

Em 1954 Agustina Bessa Luís atrai as atenções do público com *A Sibila.* Era uma mudança que surpreendeu os neo-realistas e os críticos respectivos e restaurou o esplendor da literatura quando ela parecia extinguir-se na proa neutra e baça dos autores em voga.

Agustina é, depois de Fernando Pessoa, o segundo milagre do século XX português e será reconhecida quando, com a distância, se puder medir toda a sua estatura, como a contribuição mais original da prosa portuguesa para a literatura mundial, ao lado do brasileiro Guimarães Rosa. Está ainda demasiado perto de nós para que possamos desenhar o contorno do seu esplendor, que, como acontece em todos os casos de genialidade pura, é ainda invisível a muitos dos seus contemporâneos. Falta um esquema para captar a estrutura dos seus romances, que aparece como desordenada a quem está habituado à ordenação tradicional do tempo e do espaço; em cada momento dos romances de Agustina vários tempos e vários espaços se interseccionam, não à maneira do *nouveau roman* francês, isto é, porque convergem na consciência das personagens, mas porque cada personagem traz consigo, objectivamente, o seu passado e o seu futuro, sendo em cada momento todos os sítios onde esteve e estará, todos os tempos em que viveu e há-de viver. Tudo isso está, não na sua consciência, mas na sua existência, que se confunde com a sua essência. As suas personagens caracterizam-se por uma prodigiosa força de *ser*, que não cabe no simples estar no espaço ou no tempo de que se ocupam quase todos os romancistas. Esta força dá-lhes uma realidade tão fulgurante que não cabe no chamado real; sem os idealizar, sem os transfigurar, Agustina faz-nos sentir neles uma força mágica, irredutível, irracional como a vida. O seu realismo essencial excede todo o contorno, toda a superfície descritível por qualquer processo realista. As suas descrições têm uma flagrância incomparável, quer se trate dos amplos horizontes que se vêem do alto de uma montanha, quer de um simples quintal, quer de uma retrete num café de Paris, quer de uma casca de laranja deitada à rua no princípio do Inverno; e, no entanto, há qualquer coisa neles que não cabe na exterioridade do olhar; são como que fosforescências de um oceano ilimitado. Há ser não só em cada pessoa, mas em cada coisa. Mas seria tão erróneo dizer que o romance de Agustina é metafísico (à maneira, por exemplo, de Régio) como dizer que é psicológico. Para Agustina não há um além da realidade, um transcendente; o que não há é um limite do imanente. Na sua descrição do último momento da vida de um moribundo sente-se que não existe uma alma fora do corpo e que toda a problemática religiosa está fora do seu horizonte. Se escutarmos a sua prosa, sentiremos, por outro lado, que quem fala nos seus livros, escritos todos na terceira pessoa narrativa, é alguém que está fora da história, aquele narrador soberano, transcendental em relação às personagens, que vem desde o princípio da literatura. Ele conta, comenta, intervém quando lhe apraz. Mas há algo de fascinador nessa voz do narrador, que parece maior do que o mundo; não é a modesta D. Agustina Bessa Luís que ali soa, mas uma espécie de Deus que a possui, do mesmo modo que pela voz dos aedos gregos, segundo eles julgavam e diziam, falava uma sabedoria divina. E há uma naturalidade soberana na maneira como ela usa as palavras, que não são rebuscadas, nem raras, nem talvez sábias, mas que seduzem imediatamente, abolindo no leitor os limites da individualidade, como a música dos grandes compositores ditos românticos. Com isto tocamos talvez algo de essencial em Agustina: a natureza musical que não está no ritmo da frase, mas em toda a construção da narrativa, incluindo a presença do autor.

Agustina teve um grande papel na literatura portuguesa porque a libertou da reclusão em que o positivismo abstinente a vinha estreitando depois da geração de 1870 e que se agravara com os «neo-realistas». Novos caminhos foram abertos à imaginação literária com a publicação de *A Sibila*.

Jorge de Sena

Por esta época se revelou também a poesia de Jorge de Sena, que até certo ponto nos faz lembrar a dos árcades, particularmente a de Filinto Elísio. Alguns belíssimos versos ressaltam, por vezes, no meio de um prosaísmo intencional que vem na linha de Casais Monteiro. O poeta está sempre na atitude de quem observa, de quem julga, de quem se lembra, mas principalmente na de quem se admira:

O ' corpo não espera. Não. Por nós
ou pelo amor. Este pousar das mãos
tão reticente e que interroga a sós
a tépida secura acetinada
a que palpita por adivinhada
em solitários movimentos vãos
este pousar em que não estamos nós
mas uma sede, uma memória, tudo
o que sabemos de tocar desnudo
o corpo que não espera; este pousar
que não conhece, não vê, nem nada
ousa temer no seu temor agudo...

Tem tanta pressa o corpo! e já passou
quando um de nós ou quando o amor chegou.

Só depois da sua morte (1978) ou perto dela se patenteou a sua obra de ficção em prosa, que ainda não foi devidamente lida e valorizada pela crítica e pelo público. Essa obra é fundamentalmente constituída por um grande romance, *Sinais de Fogo*, por livros de contos, *Antigas e Novas Andanças do Demónio, Os Grão-Capitães*, e por um conto fantástico, *O Físico Prodigioso*. Jorge de Sena não teve a intenção de renovar a forma, técnica ou estilo da narrativa, mas sim a de tirar o máximo partido dos recursos existentes. Trata-se de narrações feitas na primeira pessoa, que, além de narrador, é testemunha e personagem da acção. Exceptua-se *O Físico Prodigioso*, cujo protagonista é um ente mágico imaginário, como o encantador Merlim dos contos arturianos e que por isso só pode ser referido na terceira pessoa, muito embora Jorge de Sena tenha escrito a propósito desta sua obra que «num sentido interior, pouco do que eu escrevi é tão autobiográfico como esta mais fantástica das minhas criações», frase que qualquer verdadeiro escritor poderia aplicar a qualquer obra sua desde que não se esquecesse de repetir o «num sentido interior». Exceptuando este texto (cujo cenário faz pensar nos contos de Chrétien de Troyes, do século XII), as narrativas de Jorge de Sena apresentam-se como evocações de épocas ou momentos do passado do seu próprio autor. Isto é particularmente patente em *Sinais de Fogo*, obra póstuma e não completamente acabada. Narra, de uma forma realista e pormenorizada, um momento decisivo da juventude do herói narrador: a sua chegada à praia onde vai passar as férias coincide com o desencadeamento de acções de grande importância no plano pessoal e público, acções em que o narrador tem um papel determinante, pois lhe passa pelas mãos o destino de várias pessoas e intrigas. Não se pode ler este livro sem sentir uma grande admiração pela pessoa do narrador, pelo seu talento de sedução sobre homens e mulheres, pela segurança com que tece e destece as intrigas e sobretudo pela viva luz intelectual que lança sobre todos os pormenores e escaninhos de uma acção complexa e múltipla. Há um único ponto de focagem, que distribui sobre todos os agentes uma luz neutra e impessoal como a dos quadros de Velázquez, e há um único ponto de fuga da perspectiva, como na época clássica da pintura renascentista italiana, que produz a ilusão da objectividade volumétrica num espaço único. Na sua aparente impassibilidade, a sequência narrativa desenrola-se como o discurso engenhoso de D. Francisco

Manuel de Melo. É um discurso explanativo, e não mimético; não oferece distorções caricaturais ou hiperbólicas. Aparentemente, não há o ponto de vista do narrador. Mas isso reforça o efeito de ilusão: no fundo de tudo está, como um deus invisível, o próprio narrador, que sabe tudo e que distribui o bem e o mal sem parecer fazê-lo. Jorge de Sena é um moralista, e isso torna-se patente nos passos em que a acção se interrompe para dar lugar a uma reflexão interrogativa sobre a responsabilidade individual nos acontecimentos desencadeados.

A leitura de *O Físico Prodigioso* à luz de *Sinais de Fogo* desvenda-nos o que o autor tinha no pensamento quando pretendia que aquele livro era «autobiográfico»: é que *O Físico Prodigioso* apresenta simbolicamente por meio de uma fábula fantástica o que os *Sinais* expõem de uma forma analítica e realista: que o herói é uma criatura sobre-humana e invencível, cuja chegada a qualquer lado desperta nas mulheres o amor e nos homens a inveja, e desencadeia acontecimentos que mudam o destino à sua volta. O herói é Jorge de Sena, cujo notável talento se empenhou na encenação de si próprio.

A prosa narrativa de Sena pertence ao grande realismo. Mas ao lado dele continuavam a produzir-se (e eram quantitativamente dominantes) as narrativas de tipo «neo-realista» (a que chamaremos «pequeno realismo») e alguns autores procuravam saídas para o impasse em que se encontrava.

O surrealismo

Alguns dos processos a que recorreram, para se renovarem, os chamados «neo-realistas» foram tirados do arsenal do movimento que teve o nome estranho de «surrealismo». Com este nome se designou um certo discurso, ou antes uma certa sequência falada ou escrita, que não cura da coerência lógica, mas tira efeito dos aparentes acasos vocabulares e gramaticais proporcionados pela corrente mental que subjaz à consciência (e daí a importância teórica, para esta corrente de escritores, do «subconsciente» freudiano). Neste tipo de discurso a palavra deixa de ser um «signo» linguístico porque passa a ser usada não apenas como tradução de uma ideia (significado/significante), mas também pelo seu próprio corpo sonoro e gráfico, que pode sugerir outros significados não contidos no significado do signo. Duas sequências são assim criadas, a sequência dos significados e a dos significantes, multiplicando-se, pelo recurso ora a um ora a outro e pelos seus encontros ocasionais, as possibilidades de expressão, embora à custa da inteligibilidade lógica (já no século XVII encontramos algo de semelhante no discurso engenhoso). A palavra equívoca de «surrealismo» (para designar o que melhor se diria *sub-realismo*) foi importada de França, embora já houvesse indícios e antecipações desse processo em Fernando Pessoa e sobretudo em Almada Negreiros. No ideário da *Presença* teve grande importância o incosciente freudiano, onde pescaram os surrealistas.

Todos os poetas que se patentearam em meados do século recorreram mais ou menos aos processos surrealistas. Mencionemos como excepção Eugénio de Andrade, que se revelou com *As Mãos e os Frutos* em 1948, em quem a influência surrealista se exercerá mais tarde. Trata-se de um dos maiores líricos da literatura portuguesa, que é também o grande poeta do amor no nosso século XX. É uma voz maravilhosamente pura, que se define numa linha de musicalidade perfeita como o voo de uma ave, sem uma sombra que não venha da sua própria luz:

> *Quando em silêncio passas entre as folhas,*
> *uma ave renasce da sua morte*
> *e agita as asas de repente;*
> *tremem maduras todas as espigas*
> *como se o próprio dia as inclinasse,*
> *e gravemente comedidas*
> *param as fontes a beber-te a face.*

Um exemplo do referido desmembramento do signo que faria a admiração do P.ᵉ António Vieira é o *Divertimento com Sinais Ortográficos*, de Alexandre O'Neill, cujas páginas são preenchidas com os sinais de pontuação, exclamação e semelhantes acompanhadas de um comentário em dois, três versos. O efeito expressivo deste processo do signo é patente no pequeno poema intitulado *O Ciclista:*

> *O homem que pedala, que ped'alma,*
> *com o passado a tiracolo,*
> *ao ar vivaz abre as narinas*
> *tem o por vir na pedaleira.*

Os efeitos inesperados, o lirismo voltado do avesso, o humor sarcástico virando lirismo, o gume afiado da palavra certeira, são propriedades que se manifestam intensamente na poesia de O'Neill, onde há marcas dos grandes poetas portugueses do século XVIII, Tolentino, Bocage, o abade de Jazente.

Herberto Hélder

Nas décadas de 50 e 60 os poetas são numerosos e alguns de primeira ordem, tão numerosos que não é possível falar de todos, mesmo os mais notáveis, no curto espaço consagrado a este capítulo.

Mas não podemos deixar de assinalar o que talvez venha a ser o maior poeta português da segunda metade do século: Herberto Hélder. As suas metáforas inesperadas e múltiplas parecem pegadas deixadas por um inefável que nunca se esgota nem se cansa na sua viagem, e que melhor se exprime num andamento musical caudaloso como um oceano, de que só nos é dado ver a rebentação das ondas sobre a praia, ritmo que nos empolga, nos arrasta e nos corta o fôlego, ou que nos obriga e força a acompanhá-lo nos seus abrandamentos. É um poeta em que o signo linguístico perde todo o peso e todo o atrito:

> *Todas as coisas são mesa para os pensamentos*
> *onde faço minha vida de paz*
> *nem peso íntimo de alegria como um existir de mão*
> *fechada puramente sobre o ombro.*
> *— Junto a coisas magnânimas de água*
> *e espíritos,*
> *a casas e achas de manso consumindo-se,*
> *ervas e barcos mortos — meus pensamentos se criam*
> *com um outrora casto, um sabor*
> *de terra velha e pão diurno.*

Ou este poema «para o leitor ler de/vagar»:

> *Volto a minha existência derredor para. O leitor. As mãos*
> *espalmadas. As costas*
> *das mãos. Leitor eu sou lento.*

Esta candeia que rodo amarela por fora
e ardentescura por dentro.
Candeia tão baixa-viva. Sou lento numa luminosidade
[como em meio de ilusão.
Volto o que é um rosto ou um
esquecimento. Um vida distribuída
por solidão.

N'*Os Passos em Volta* Herberto Hélder pratica um género que conserva as liberdades imaginativas da poesia, mas que se apresenta com o ritmo da prosa, pequenas prosas sobre temas vários. O mesmo se passa com Eugénio de Andrade, com Alexandre O'Neill *(As Andorinhas não Vão ao Restaurante)* e outros.

Os novíssimos

Ao fechar dos anos 60 revela-se um grande romancista sem precursor nem continuador na literatura portuguesa, Nuno Bragança, com *A Noite e o Riso* (1969), embora o público não se tenha dado conta disso, nem possivelmente o próprio autor, que tentou outros caminhos nos seus dois livros posteriores. E compreende-se. Nós só podemos dizer que é um dos grandes livros da literatura portuguesa em qualquer época. A aproximação deste livro com *Nome de Guerra,* de Almada Negreiros, é superficial, porque atende só ao cenário. Talvez se possa dizer que Nuno Bragança é parente de Sartre e de Camus na sua meditação existencial sobre a vida e a morte, mas vai além de qualquer deles. Os seus romances são contados na primeira pessoa, sendo ela também uma personagem, e o narrador não se esconde, nem esconde a sua parcialidade. Em certa página aflora agudamente a consciência do escritor e o problema da relação da vida com a escrita. São romances de acção com soberbas páginas narrativas e só o *quantum satis* de descrição para situar as acções.

Com a aproximação dos anos 80 tentam-se novas experiências. José Saramago é um escritor contemporâneo dos neo-realistas e tenta dar credibilidade à doutrina de que os neo-realistas eram porta-vozes. Para isso adaptou ao romance o processo que Bertolt Brecht tinha utilizado para o teatro no *Círculo de Giz Caucasiano*. Esse processo, a que se chamou «épico», consiste em fazer contar a estória por um narrador que está de fora; diante dele, na altura própria da narração, apresenta-se o objecto referido, não o objecto como se supõe ser na realidade, mas tal como livremente o imagina o narrador. Nos romances de Saramago, *Levantado do Chão* e *Memorial do Convento*, ouve-se uma voz que conta uma estória com aparte e comentários, uma voz que se diria impessoal e intemporal, como a *vox populi* ou a *vox dei*, com marcas de oralidade popular (por exemplo, o uso popular do *cujo*); as figuras e quadros a que essa voz se refere são projectados como sombras chinesas num *écran*, por exemplo, a cena do nascimento de uma criança filha de camponeses, cena que lembra flagrantemente o presépio de Jesus. Desta maneira, a voz *off* não se identifica com os sucessos projectados, nem garante a sua realidade, e fica livre para imaginar um processo histórico de acordo com a esperança e a utopia do autor. O que assim se conta e apresenta em *Levantado do Chão* é uma imaginária insurreição agrária no Alentejo. É um processo de distanciamento em relação à matéria narrada, que permite expor a doutrina sem forçar a realidade.

A última grande revelação e inovação da prosa de ficção portuguesa deve-se a um membro de uma geração muito mais jovem do que José Saramago, a escritora Lígia Jorge, autora de *O Cais das Merendas*. Este livro é uma surpresa, como o são todos os grandes livros: um romance estritamente objectivista, sem herói, sem narrador, sem reverso subjectivo dos agentes da acção, sem intriga, e, apesar disso, empolgante. Vamos tomando conhecimento da acção passada através das falas de um grupo que de quando em quando se reúne para merendar. São as tensões existentes presentemente no seio do grupo que nos permitem entrever o passado. Pouco a pouco vamos distinguindo no grupo, espécie de coro grego a várias vozes distintas, mas que se combinam, diversas fisionomias que não correspondem a caracteres individuais, mas a tipos humanos constantes, fisionomias que são máscaras fixas de teatro grego. «Dizia o Folhas, e ia andando»: a máscara habitual do Folhas é esse andar. Só uma personagem parece adiantar-se do coro e individualizar-se: o pai da heroína--vítima da estória passada. Esse vive um sentimento: uma saudade-paixão destruidora. Mas só aparentemente esse sentimento é o reverso subjectivo de um comportamento humano; trata-se realmente de uma saudade animal, a saudade que poderia ter um cão afastado do dono, de modo que não chega a ser uma subjectividade humana.

O tema do romance é de interesse universal: a perda de identidade que se está dando em toda a parte por força da difusão do padrão internacional da civilização tecnomercantil, que aumenta o poder de compra das pessoas, mas que simultaneamente as descaracteriza culturalmente. Inclusive, a língua geral dessa civilização, o inglês, tende a sobrepor-se às línguas nacionais: *merenda*, palavra provinciana, é postergada por *party*, palavra cosmopolita. Os modelos de comportamento veiculados pelo cinema substituem os velhos modelos próprios de cada região. O caso focado neste livro é a desintegração de uma aldeia da serra do Algarve pela instalação na praia respectiva de um grande hotel multinacional para turistas. Pode reconhecer-se aqui o velho tema da alienação, que, em geral, os marxistas tendem a ver de um ponto de vista limitadamente económico, mas que é, de facto, como aqui se vê, um problema essencialmente cultural.

Nunca o realismo objectivista teve uma realização tão completa, perfeita e convincente. E há neste livro uma robustez maciça de madeira esculpida contribuindo para a sedução que desperta no leitor.

1ª EDIÇÃO [1999] 3 reimpressões

ESTA OBRA FOI IMPRESSA PELA PROL EDITORA GRÁFICA
EM OFSETE SOBRE PAPEL PÓLEN SOFT DA SUZANO PAPEL E CELULOSE
PARA A EDITORA SCHWARCZ EM FEVEREIRO DE 2010